UNNÜTZES
WISSEN
THÜRINGEN

Ulrich Seidel

UNNÜTZES WISSEN THÜRINGEN

Skurrile und außergewöhnliche Fakten zum Angeben

SUTTON

Vorwort

Wer bestimmt eigentlich, was unnütz ist? Nutzlosigkeit liegt im Auge des Betrachters; die Eine, der Eine hält Händewaschen für nutzlos, weil die Hände ja doch wieder schmutzig werden. Ein Anderer, eine Andere hält Autofahren für nutzlos, weil auch mit anderen Verkehrsmitteln das Ziel erreicht werden kann. Beliebig könnte die Aufzählung weitergeführt werden.

Freuen Sie sich, liebe Leserin, lieber Leser, freuen wir uns auf mal mehr oder weniger unnützes Wissen über Thüringen, über teils skurrile, außergewöhnliche oder erstaunliche Fakten. Dieses Sammelsurium hat definitiv einen Nutzen – entweder, weil es schlicht Ihre landeskundliche Neugierde befriedigt, oder, weil Sie fortan, bei der nächsten Party, Familienfeier oder beim zwanglosen Gespräch mit Kolleginnen und Kollegen, mit Ihrem besonderen Wissen über den schönsten Freistaat der Welt glänzen können und so, ob Sie möchten oder nicht, schnell im Mittelpunkt kleinerer oder größerer Runden stehen. Die Themen Ihres nächsten Smalltalks sind also gesichert, und das ist alles andere als unnütz.

Mir hat es viel Freude bereitet, die Fakten – alle öffentlich zugänglich – zusammenzutragen, auszuwählen und für Sie aufzuschreiben.

In diesem Sinne vielen Dank, dass Sie dieses Buch in Ihre Sammlung unnützer Bücher aufnehmen, viel Freude bei der Lektüre und selbstverständlich auch bei der Weitergabe des neu erworbenen Wissens.

Ihr
Ulrich Seidel

Ein Königreich

Der westgermanische Stamm der Thüringer siedelte sich im heute so benannten Gebiet und darüber hinaus bereits im 5. und frühen 6. Jahrhundert an. Den politischen Höhepunkt bildete um 500 die Gründung eines Königreichs mit Bisinus an der Spitze.

Das Ende

Nach der Schlacht bei Burgscheidungen 531 ging das Königreich unter. Franken und Sachsen gewannen zunehmend an Einfluss.

Bonifatius in Thüringen

Anfang des 8. Jahrhunderts bekehrte der Heilige Bonifatius die heidnischen Bauern in Thüringen zum Christentum. Im Jahr 742 ließ er in Erfurt ein Bistum errichten. Erster Bischof war sein Weggefährte, der Heilige Adolar. Bonifatius, Adolar und Eoban starben 754 auf einer Missionsreise in Dokkum in Westfriesland.

Das Becken ist voll!

Eine Sage erzählt, dass das Thüringer Becken einst ein großer See war, in dem sich alles Wasser sammelte, das vom Himmel regnete und das die Flüsse aus dem Thüringer Wald herantrugen. Einige Riesen in der Nähe von Oldisleben hatten ständig nasse Füße und beschlossen daher, einen Abfluss zu graben – die Thüringer Pforte. Noch heute fließen die „Reste" des großen Sees über die Gera, die Unstrut und die Wipper ab.

Aus der Ferne

Über Thüringen kreisen und schweben unzählige Satelliten für Telekommunikation, Wetterbeobachtung und andere Zwecke. Allein bis zu 45 Satelliten, die Geodaten bereitstellen, bevölkern den Himmel. Deren Daten werden mit Referenzpunkten in Worbis, Sondershausen, Mühlhausen, Buttstädt, Erfurt, Gotha, Bad Salzungen, Jena, Gera, Altenburg, Schleiz, Saalfeld, Ilmenau, Hildburghausen und Meiningen in Zusammenhang gebracht und bilden damit die Grundlage für alle amtlichen Vermessungsaufgaben.

Autoverkehr auf dem Wasser

Der Juri-Gagarin-Ring in Erfurt verläuft über dem einstigen inneren Festungsgraben, dem Bett der Wilden Gera. Den alten Flusslauf verfüllte man, nachdem der Flutgraben am 14. Oktober 1898 seiner Bestimmung übergeben worden war.

Wasser ist Leben

Forscher sind sich einig: das Leben entstand im Wasser. Sie und alle anderen sind sich einig, dass wir Wasser zum Leben brauchen. In Thüringen gelangt das Trinkwasser über rund 552 Kilometer Fernleitungen und in noch längeren lokalen Rohrleitungsnetzen schließlich an die Wasserhähne. „Nebenbei" erzeugen neun Wasserkraftanlagen Strom, im Jahr 2018 immerhin rund 10,5 Millionen Kilowattstunden.

Weit gereist

In der Kofferfabrik Kindelbrück nahe Sömmerda wurden zwischen 1911 und 1999 Koffer und Reisetaschen fast aller Art produziert. Zeitweise galt der Betrieb als Deutschlands bzw. sogar europaweit größte Kofferfabrikation. Exportiert wurde in mehr als 35 Länder weltweit. Koffer aus Kindelbrück haben die ganze Welt gesehen.

Thüringer Bratwurst – das Original

Den ältesten Nachweis für Thüringer Bratwurst stellt eine Rechnung des Arnstädter Jungfrauenklosters dar. Offensichtlich hatten die Damen im Jahr 1404 einen Grillabend geplant.

Nudeldick

Die Erfurter Teigwaren GmbH gilt als Deutschlands älteste Nudelfabrik. 1793 nahm Peter Belling die Produktion von Teigwaren auf. Später übernahm Ferdinand North die Fabrik und baute sie zum führenden Hersteller von Teigwaren aus. Heute produziert die Firma rund 50.000 Tonnen Teigwaren pro Jahr.

Süßes, sonst gibt's Saures!

Thüringens erste Zuckerfabrik gründeten 1871 Robert Wagner und Robert Lucius in Straußfurt. Rund 1.500 Tonnen Zuckerrüben wurden täglich verarbeitet. 1930 gehörte die Zuckerfabrik Straußfurt zu den größten Produzenten ihrer Art in Deutschland. Bis 1996 kam Zucker aus Straußfurt.

Erfurt-Erfurt

Nein, Sie sehen nicht doppelt! 1913 gründete Gustav Wilhelm Erfurt seine Schokoladen- und Zuckerwarenfabrik in Erfurt. Auf den Täfelchen stand der Schriftzug „Erfurt-Erfurt".

Kribbelbunt

Haben Sie sich schon einmal gefragt, woher zu DDR-Zeiten die kribbelbunten Einkaufsbeutel aus Kunststoff kamen? Aus Erfurt! Die Lederfabrik von Carl Geyer produzierte anfangs Gürtel, Damentaschen, Berufstaschen für die Reichsbahn, Faltbeutel, Knirpshüllen und ähnliche Dinge. 1962 wurden dem Betrieb „erhebliche Überplanbestände an dederon von der volkseigenen Bekleidungsindustrie, den HO-Warenhäusern, Webereien und Stoffdruckereien angeboten. So war es möglich, dass die Faltbeutel, die bisher zum großen Teil aus gummierten Taftschotten hergestellt wurden, in größeren Mengen aus dederon gearbeitet werden konnten. Dieser modische Artikel sprach auf dem Markt sehr gut an, sodass der Absatz bedeutend gesteigert werden konnte."* Allein 1962 erreichte die Firma mit diesen Faltbeuteln einen Umsatz von 1.565.880 DM. Doch auch der massenhafte Absatz solcher Artikel rettete die Firma nicht vor der Verstaatlichung. Am 8. Juni 1973 wurde der Eintrag im Handelsregister gelöscht, um anschließend unter neuer Firmierung als VEB Täschnerwaren Erfurt wieder eingetragen zu werden.*

*StAE: Sign. 11-5/27-1741

Den Wald vor lauter Bäumen ...

Fast ein Drittel der Fläche Thüringens ist mit Wald bedeckt, das sind rund 520.000 Hektar. Nach der letzten „Volkszählung", der Bundeswaldinventur von 2012, stehen in Thüringen etwa 330 Millionen Bäume. 62 Prozent davon sind Nadelbäume. Die nächste Waldinventur hat 2021 begonnen.

Energiebilanz

Von den 2017 in Thüringen erzeugten 10.331.013 Megawattstunden Strom kamen 2.788.351 aus Windkraftanlagen. 2.056.775 Megawattstunden produzierten die Pumpspeicherwerke und 1.135.645 lieferten die Photovoltaikanlagen. Biogas war mit 917.206 Megawattstunden beteiligt. Aus Erdgas entstanden 2.117.162 Megawattstunden.

Bier her!

Zu Unrecht behaupten die Bayern, das älteste Reinheitsgebot Deutschlands einzuhalten. In Thüringen gab es schon 82 Jahre zuvor Vorschriften, was in ein Bier hineingehört und was nicht. Die „Statuta thaberna" von 1434 stammt aus Weißensee. Der Streit ist jedoch überflüssig, denn Brauvorschriften gab es bereits vor 1434, die älteste hat wohl Kaiser Friedrich I., besser bekannt unter dem Namen Barbarossa, im sogenannten Ersten Stadtrecht von Augsburg von 1156, der „iustitia Augustensis civitatis", formuliert. Darin wurde einem Bierschenker, der schlechten Gerstensaft anbot oder „falsch ausschenkte", Strafe angedroht.

Das Wandern ist des ...

1330 erstmals erwähnt, ist der Rennsteig der längste Wanderweg in Thüringen. In Hörschel bei Eisenach soll der Wanderer seinen Stock ins Wasser der Werra eintauchen und einen Kiesel aus der Werra in seine Tasche packen. Nach knapp 170 Kilometern darf der Wanderer seinen Kieselstein in Blankenstein in die Saale oder in die Selbitz werfen, damit ihn das Glück nach Hause begleitet.

Straßen in Thüringen

Mit Stand vom 1. Januar 2019 führen 521 Kilometer Autobahnen, 1.513 Kilometer Bundes- und 4.173 Kilometer Landesstraßen durch Thüringen.

Unterwassermusik

Das einzige Freizeitbad in Thüringen mit Musik, die unter Wasser erklingt, ist die Toskana Therme in Bad Sulza. Das Soundsystem sorgt für sphärische, der Entspannung förderliche Klänge.

Hoch hinaus

Thüringens höchstes Bürogebäude und überhaupt höchstes Bauwerk ist mit 144,5 Metern – inklusive der Antenne sind es sogar 159,6 Meter – der JenTower in Jena. Als der 225 Meter hohe Schornstein des dortigen Heizkraftwerkes abgerissen wurde, gelangte der JenTower kampflos auf Platz eins.

Die größte, die zweitgrößte und die drittgrößte

Die größte Stadt Thüringens mit einer Fläche von 269 Quadratkilometern ist Erfurt, die Landeshauptstadt. Flächenmäßig zweitgrößte Kommune ist Gera mit 152 Quadratkilometern, gefolgt von Jena mit 115 Quadratkilometern.

Die Ältesten

In einer Schenkungsurkunde vom 1. Mai 704 bestätigte Hedan II. die Übergabe von Gütern an Willibrord in Arnstadt. Stadtrecht erhielt der so früh erwähnte Ort allerdings erst 1266. Hedan II. regierte das thüringische Herzogtum mit Sitz in Würzburg. Der Missionar Willibrord sollte wohl mit dieser Schenkung zur Missionierung im Arnstädter Umland „überzeugt" werden. In dieser Urkunde werden Großmonra nahe Kölleda und Mühlberg ebenfalls erstmals genannt.

Brumm, brumm

Die meisten Pkw in Thüringen waren am 1. Januar 2020 in Erfurt zugelassen (97.312), gefolgt vom Kreis Schmalkalden-Meiningen (76.140). Die wenigsten Autos (20.359) gibt es in Suhl.

Geschützt

Der Wartburgkreis hat mit 51,05 Quadratkilometern den höchsten Anteil an Naturschutzgebieten in Thüringen. Größtes zusammenhängendes Naturschutzgebiet ist die Hohe Schrecke im Kyffhäuserkreis/Landkreis Sömmerda mit einer Fläche von 34,373 Quadratkilometern.

Trink Wasser!

Die größte Trinkwasser-Talsperre Thüringens ist gleichzeitig auch die neueste. 2005 wurde Leibis/Lichte in Betrieb genommen. Mit 102,5 Metern ist hier auch die höchste Staumauer zu finden. Das Becken fasst maximal 32,4 Millionen Kubikmeter. Das Einzugsgebiet umfasst etwa 72 Quadratkilometer. Rund 320.000 Menschen versorgt die Talsperre Leibis mit Trinkwasser.

Tiefster natürlicher See ...

… ist mit etwa 45 Metern wohl die Bernshäuser Kutte, ein durch Erdfall entstandenes Gewässer, das weder Zu- noch Abfluss hat. Die Wasseroberfläche beträgt 51.900 Quadratmeter, ein 820 Meter langer Rundweg führt um den See herum.

Im Zentrum

Der amtliche geografische Mittelpunkt Thüringens liegt im Dorf Rockhausen südlich von Erfurt. Ein Stein mit einer Tafel markiert den Punkt und gibt seine Geo-Koordinaten bekannt: 11° 1′ 35″ östliche Länge, 50° 54′ 12″ nördliche Breite.

Das größte Volksfest

Alljährlich findet in Rudolstadt das Vogelschießen statt. Es gilt als das größte Volksfest Thüringens. 2022 feiert man das 300. Jubiläum.

Der längste Weihnachtsmarkt

Da das Wort „lang" sowohl zeitliche als auch räumliche Begriffe beschreiben kann, gibt es zwei „längste" Weihnachtsmärkte in Thüringen: Mit fast acht Kilometern Länge hält das „Weihnachtstal" im Mühltal bei Eisenberg den Rekord. Zeitlich betrachtet ist wohl der Weihnachtsmarkt in Weimar der längste, er beginnt bereits vor dem ersten Advent und dauert bis Anfang Januar.

Viele Orte

631 politisch selbstständige Gemeinden gab es am 1. Januar 2021 in Thüringen, darunter befinden sich 120 Städte.

Häufigster Name

Der am weitesten verbreitete Familienname in Thüringen ist, wen wundert's, Müller – in allen möglichen Schreibweisen.

Der längste Fluss

Die Saale ist mit 196,3 Kilometern der am weitesten durch Thüringen fließende Fluss. Insgesamt ist die Saale 413 Kilometer lang. Mit 187 Kilometern in Thüringen folgt die Werra auf Platz zwei.

Dicht an dicht

Jena ist die am dichtesten besiedelte Stadt Thüringens. 791 Menschen tummelten sich 2018 auf einem Quadratkilometer. In Hildburghausen leben dagegen nur 68 Menschen auf der gleichen Fläche.

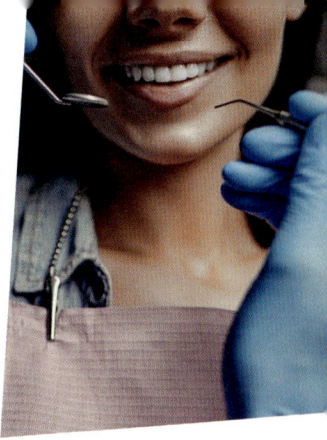

Zahn um Zahn

Im Weimarer Land müssen sich 1.781 Menschen einen Zahnarzt teilen. In Jena steht statistisch gesehen ein Zahnarzt 671 potenziellen Patienten zur Verfügung.

Die Klasse ist voll!

Durchschnittlich 21,9 Kinder sitzen in der Stadt Jena in einem Klassenraum. Im Unstrut-Hainich-Kreis sind es dagegen „nur" 19.

Viel Platz

Im Eichsfeld sind die Wohnungen mit durchschnittlich 95,9 Quadratmetern am größten. Die kleinsten Wohnungen sind in Gera zu finden, mit durchschnittlich 69,8 Quadratmetern.

In fremden Betten

Gotha bietet die meisten Gäste-betten in Thüringen: 6.098. Dicht dahinter liegen Erfurt mit 5.438 und Schmalkalden-Meiningen mit 5.430. Durchschnittlich blieben die Gäste thüringenweit zweiein-halb Tage. Am längsten hiel-ten sie sich im Wartburgkreis (5,7 Tage) auf. Die kürzeste Verweildauer hatte 2018 Gera zu vermelden. Dort blieben Besucher im Schnitt 1,6 Tage.

Schulden, nichts als Schulden

Der Kreis Sömmerda ist mit 1.373 Euro pro Einwohner Spitzen-reiter in der Verschuldung der Gemeinden. Die wenigsten Schul-den im öffentlichen Haushalt hat Jena mit 134 Euro pro Kopf.

Kinder, Kinder

2.182 Kinder wurden im Jahr 2018 in Erfurt geboren, gefolgt von Jena mit 1.120 und Gotha mit 1.092 Geburten. Das Schlusslicht bildete Suhl mit 202 Kindern.

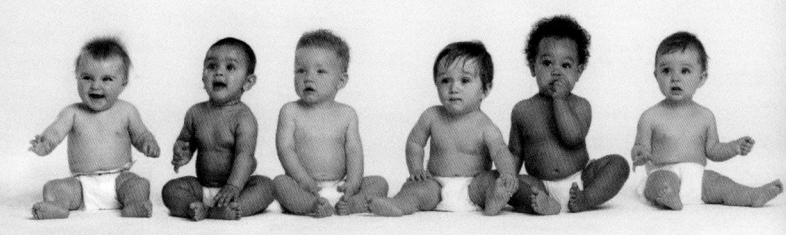

Rübergemacht

16.949 Menschen zog es im Jahr 2018 aus den alten Bundesländern nach Thüringen. Dagegen sind 19.193 Thüringer „rübergemacht".

Überschuss

In Thüringen leben mehr Frauen als Männer. Von den insgesamt 2.147.175 am 31. Dezember 2018 gemeldeten Thüringern waren 1.084.266 Frauen.

Badespaß

In 171 Freibädern finden Thüringer im Sommer Abkühlung. Als schönste Freibäder im Land gelten das im Apoldaer Sportpark und das Freibad „Hammergrund" in Ilmenau.

In der Kürze liegt die Würze

Seit 3. Oktober 1990 besteht das Land Thüringen, seit 1993 der Freistaat. Die kürzeste Amtszeit eines Ministerpräsidenten war die von Thomas L. Kemmerich (FDP), sie betrug ganze drei Tage bis zu seinem Rücktritt – bis zur Neuwahl am 4. März 2020 blieb er immerhin geschäftsführend. Auf die längste Amtszeit brachte es Bernhard Vogel (CDU). Er war vom 5. Februar 1992 bis zum 5. Juni 2003 im Amt.

Jede Menge Kies

In Thüringen wird in 57 Kiesgruben der begehrte Rohstoff für die Bauindustrie abgebaut.

Schnaps her oder ich fall um

Im Jahr 1507 berichtet ein Nordhäuser Stadtschreiber in einer Chronik erstmals über Kornbranntwein, er sagte dazu „gebranntes Wasser". Dieses dürfte aus der ältesten offiziellen Brennerei in Thüringen gekommen sein. Wer vorher daheim selbst gebrannt hat, ist nicht überliefert.

Tief unten

Der Thüringer Höhlenverein e.V. führt seit vielen Jahren ein Kataster, das mit Stand 2016 exakt 448 Höhlen im Land benennt. Spektakulärste Entdeckung in jüngerer Zeit war wohl die der Bleßberghöhle. Leider ist diese für Besucher nicht zugänglich. Sie wurde bei Tunnelbauarbeiten an der Eisenbahnstrecke Nürnberg–Berlin im Jahr 2008 entdeckt, von den Höhlenforschern erkundet und dokumentiert. Nach 303 Tagen wurde die Höhle wieder verschlossen und der Tunnelbau vollendet.

„In Ilmenau ist der Himmel blau"

Ein Kinderreim lautet: „In Ilmenau, da ist der Himmel blau, da tanzt der Ziegenbock mit seiner Frau." Vom Stadtmarketing abgewandelt, soll der Spruch „Ilmenau – himmelblau" Touristen anlocken. Tatsächlich ist die Sonnenscheindauer mit durchschnittlich 6,9 Stunden pro Tag im Juni geringer als beispielsweise in Erfurt und Mühlhausen mit jeweils 7,4 Stunden im Juni.

Uralt

Thüringen ist ein an mittelalterlichen Burgen reiches Land. Zu den ältesten gehören die Mühlburg (um 700), die Burg Gleichen (um 1034), die Wartburg (um 1060) und die Burg Hanstein (um 1070).

Brrrr!

Den bisherigen Kälterekord in Thüringen hält Jena mit minus 30,6 Grad Celsius. Gemessen wurde dieser Wert am 22. Januar 1850.

Heiß!

Mit 38,5 Grad Celsius war Katzhütte am 24. Juli 2019 der heißeste Ort Thüringens.

Geteilt

Die einzige Ortschaft, die zu zwei Bundesländern gehört, ist Mödlareuth, das sowohl auf bayerischem als auch auf Thüringer Boden liegt. Einst verlief hier sogar die Grenze zwischen zwei Staaten, der BRD und DDR, am Ufer des Tannbachs. Ein Teil der rund 40 Einwohner begrüßt sich mit „Grüß Gott", der andere Teil mit „Guten Tag".

Unsichtbar

Ab dem 7. Mai 1995 war Neuhaus am Rennweg für satte 242 Stunden in Nebel gehüllt, länger als zehn volle Tage. Rekord!

Einziges

Für ein einziges Bild allein wurde 1975 ein eigenes Museum gebaut: Das monumentale Panorama-Gemälde von Werner Tübke (1929–2004) mit dem Titel „Frühbürgerliche Revolution in Deutschland", auch „Theatrum mundi" genannt, wurde von ihm und seinen fünf Assistenten zwischen 1983 und 1987 mit Ölfarbe auf Leinwand gebracht. Mit 14 Metern Höhe und einer Länge von 123 Metern ist es gleichzeitig das größte Ölgemälde Thüringens. Nach 1.480 Tagen reiner Mal-Zeit setzte Werner Tübke am 16. Oktober 1987 sein Signum darunter.

Bäderkultur

Nach dem 2013 erlassenen Thüringer Gesetz zur Neuordnung der Anerkennung von Kur- und Erholungsorten dürfen dreizehn Ortschaften den Zusatz „Bad" in ihrem Namen führen. Jüngstes Bad ist Tabarz, das seit 2017 diese Bezeichnung tragen darf.

Lang, länger, am längsten

Den längsten Ortsnamen in Thüringen hat mit 18 Buchstaben Langenwolschendorf. Die Landgemeinde Mohlsdorf-Teichwolframsdorf bei Greiz besitzt den längsten Gemeindenamen. Den Bindestrich nicht mitgezählt, kommt sie auf 26 Buchstaben. Den längsten Ortsteilnamen hat Schleusingerneundorf mit 20 Buchstaben. Lediglich vier Buchstaben hingegen genügen, um die Städte Jena, Gera und Suhl sowie die Gemeinden Uder, Rosa, Nöda und Grub zu benennen.

Viel Volk

Die meisten Zuschauerplätze bietet die Skatbank-Arena in Altenburg (25.000), gefolgt vom Steigerwald-Stadion in Erfurt (18.599), dem Stadion der Freundschaft in Gera (15.900) und der Lotto Thüringen Arena in Oberhof (13.000).

Nur zwei …

… Rennstrecken für Motorsport gibt es in Thüringen: das Schleizer Dreieck und die Gabelbach-Rennstrecke in Ilmenau. Auf beiden Routen werden nach wie vor Wettbewerbe ausgetragen.

Ich heiße wie fast alle

2020 waren die beliebtesten Vornamen in Thüringen Lina für Mädchen und Paul für Jungen. Auf Platz zwei folgten Mia und Matteo. Laut Bundesgerichtshof-Entscheidung (1 BvR 994/98) darf eine Person maximal fünf Vornamen haben. Da hatte Chenekwahow Tecumseh Migiskau Kioma Ernesto Inti Prithibi Pathar Chajara Majim Henriko Alessandro G. aus Köln das Nachsehen, er erhielt nur die ersten fünf dieser zwölf Vornamen.

Think big

Die größte jemals in Thüringen gegossene Glocke ist der „dicke Pitter", die Petersglocke des Kölner Domes. Sie wiegt 24 Tonnen. Die Glockengießerei Ulrich in Apolda hatte sich als einzige in Europa der Aufgabe gestellt, diesen riesigen Klangkörper zu fertigen. Der „dicke Pitter" ist 3,21 Meter hoch und hat einen Durchmesser von 3,22 Metern. Rund 30 Tonnen Kupfer und Zinn wurden in drei Öfen geschmolzen. Etwa 30 Kubikmeter Fichtenholz waren erforderlich, um die Öfen zu befeuern. Am 5. Mai 1923 floss die Glockenspeis – das geschmolzene Kupfer-Zinn-Gemisch – innerhalb von neun Minuten und 32 Sekunden in die Form. Als die Glocke zu Heiligabend 1924 das erste Mal geläutet wurde, riss nach drei Schlägen das Seil der Läutemaschine. Erst am 10. Oktober 1925 erklang die Petersglocke mit allen anderen im Kölner Dom in einem feierlichen Vollgeläut.

Königlicher Klang

Die weltweit größte freischwingende mittelalterliche Glocke ist in der Hohen Domkirche St. Marien in Erfurt zu hören. Die Gloriosa wurde 1497 von dem holländischen Glockengießer Gerhard Wou aus Kampen gegossen und wiegt 11.450 Kilogramm. Mit 2,62 Metern Höhe und einem Durchmesser von 2,57 Metern wird sie auch Königin der Glocken genannt.

Ich bin berühmt!

Einige der berühmtesten und bekanntesten Thüringer sind:

Johann Sebastian Bach, 1685 in Eisenach geboren, Komponist, Organist, Kantor.

Carl Zeiss, 1816 in Jena geboren, Optiker, Feinmechaniker.

Egon Bahr, SPD-Politiker, 1922 in Treffurt geboren.

Lothar de Maizière, 1940 in Nordhausen geboren, CDU-Politiker und einziger frei gewählter und auch letzter Ministerpräsident der DDR.

Heike Drechsler, 1964 in Gera geboren, zweifache Olympiasiegerin im Weitsprung.

Gunda Niemann-Stirnemann, 1966 in Sondershausen geboren, mit drei Olympiasiegen, 19 Weltmeister- und 8 Europameistertiteln sowie 19 Weltrekorden die erfolgreichste Eisschnellläuferin der Geschichte.

Roland Matthes, 1950 in Pößneck geboren, mehrfacher Olympiasieger und Weltrekordler im Schwimmen.

André Lange, 1973 in Ilmenau geboren, zweimal Olympiasieger, achtfacher Weltmeister, achtfacher Europameister im Bobsport.

Andrea Henkel, 1977 ebenfalls in Ilmenau geboren, zweifache Olympiasiegerin, achtfache Weltmeisterin und Weltcup-Gewinnerin im Biathlon.

Da wären auch noch Thomas Hübner alias Clueso (Erfurt), Yvonne Catterfeld (Erfurt), Ute Freudenberg (Weimar), Jürgen Kerth (Erfurt), Christine Westermann (Erfurt) …

Neunsilbiger Name

Die Gunda-Niemann-Stirnemann-Halle in Erfurt hat mit 30 Zeichen den längsten Namen einer Sportstätte in Thüringen. Die Eislaufhalle wurde am 21. Dezember 2001 eröffnet.

Am kürzesten

Die kürzeste Eisenbahnstrecke in Thüringen ist die Standseilbahn der Oberweißbacher Bergbahn mit einer Länge von knapp 1,4 Kilometern. Mit einer Steigung von 250 Promille ist sie gleichzeitig die steilste und mit 1.800 Millimetern auch die mit der größten Spurweite. Im Kursbuch der Deutschen Bahn ist sie unter der Nummer 563 zu finden.

Am längsten

Der mit rund 120 Kilometern längste Abschnitt einer Thüringer Eisenbahnstrecke beginnt in der Nähe von Großheringen und endet bei Wartha. Der Abschnitt gehört zur Hauptstrecke Halle–Bebra, die Kursbuchstrecken tragen die Nummern 560 und 605.

Der Anfang

Die erste Eisenbahnstrecke auf Thüringer Gebiet verlief von Leipzig nach Altenburg. Sie wurde 1842 in Betrieb genommen.

Das Ende

Nach nur 14 Jahren wurde 1901 der Betrieb auf der Eisenbahnstrecke Weimar–Rastenberg/Großrudestedt aufgegeben. Im Volksmund hieß die Schmalspurbahn mit 1.000 Millimetern Spurweite „Laura".

Alles muss ein Maß haben

Das einzige Thermometer-Museum in Deutschland – und damit auch in Thüringen – ist in Geraberg zu finden. Seit 2004 zeigt es Exponate aus der Geschichte der Temperaturmessung.

Die Älteste

Seit dem frühen Mittelalter sind Glocken bekannt, die ältesten stammen aus dem 9. und 10. Jahrhundert. Thüringens wahrscheinlich älteste komplett datierte Glocke befindet sich im Turm der Michaeliskirche zu Erfurt, sie wurde ihrer Inschrift zufolge am Palmsonntag 1380 gegossen. Die „Katharina" wird auch heute noch regelmäßig geläutet.

Kraftstrom

Dass fließendes Wasser Strom erzeugen kann, ist bekannt. Wie diese Power in früheren Zeiten und bis heute genutzt wird, zeigt das Wasserkraftmuseum in Ziegenrück.

Vom Springen und Gebissenwerden

Etwa seit dem Jahr 500 unserer Zeitrechnung hatten Könige und Grafen das Sagen in Thüringen. Besonders die Ludowinger und die Wettiner hinterließen Spuren im heutigen Freistaat. Einige der Grafen trugen besondere Spitznamen, die auf Ereignisse in ihrem Leben hinwiesen oder Eigenschaften betonten: Ludwig der Springer (1042–1123), der als Bauherr der Wartburg gilt, entkam der Sage nach aus seiner Haft auf Burg Giebichenstein durch einen beherzten Sprung vom Burgturm in die Saale. Die Mutter des Wettiners Friedrich I. (1257–1323) habe ihren Sohn der Sage nach im Abschiedsschmerz in die Wange gebissen, weshalb er als Gebissener tituliert wurde. Wilhelm I. (1343–1407) aus demselben Geschlecht nannte man den Einäugigen. Vermutlich wegen einer Krankheit verlor er einen Teil seines Augenlichts, eine Sage aber erzählt, dass ihm der Heilige Benno im Traum erschienen sei und ihm ein Auge ausstach, weil sich Wilhelm mit der Kirche angelegt hatte. Bei Friedrich II. (1310–1349) dem Ernsthaften, manchmal auch der Magere genannt, Friedrich III. (1332–1381) dem Strengen, Friedrich IV. (1384–1440) dem Friedfertigen, Friedrich V. (1412–1464) dem Sanftmütigen und Wilhelm II. (1425–1482) dem Tapferen liegen die Gründe für die Spitznamen auf der Hand

Fachwerk

In Thüringen gibt es 28 Kirchen, die in Fachwerkbauweise errichtet wurden.

So viele Glocken

Die meisten Bronzeglocken in einem Kirchturm sind im Erfurter Bartholomäusturm zu finden. Das Carillon mit 60 Glocken wurde 1979 in den kirchlosen Turm eingebaut.

Briefe und Pakete

Die Firma DHL betreibt in Erfurt eine mechanisierte Zustellbasis, in der bis zu 18.000 Pakete pro Tag vollautomatisch sortiert werden können. In Thüringen gibt es drei Briefverteilzentren der Deutschen Post. In Gera können täglich bis zu 1,5 Millionen Sendungen bearbeitet werden (Postleitzahlenbereich 07). Suhl, zuständig für den Postleitzahlenbereich 98, kann bis zu 750.000 und Erfurt (Postleitzahlenbereich 99) bis zu 2.250.000 Briefsendungen am Tag bearbeiten.

Straßenbahn

Das Schienennetz in Nordhausen hat eine Gesamtlänge von 18 Kilometern. Mit 21,2 Kilometer hat Gera aufzuwarten. Gotha immerhin bietet 25,3 Kilometer, davon allein auf der Thüringer Waldbahn zwischen Gotha und Bad Tabarz 22,7 Kilometer. Jena kommt auf eine Streckenlänge von 26,45 Kilometern. Spitzenreiter ist Erfurt, nun mal die größte Stadt Thüringens, mit 44 Kilometern.

Zwischen 1898 und 1969 besaß auch Mühlhausen eine Straßenbahn. In Weimar wurde 1937 nach nur 38 Jahren der Straßenbahnverkehr wieder aufgegeben.

Älteste „Elektrische"

Einen Teil des innerstädtischen Nahverkehrs bewerkstelligen Erfurt (1883, seit 1894 elektrisch), Gera (1892), Gotha (1894), Nordhausen (1900) und Jena (1901) mit Straßenbahnen. Die „Elektrische" in Gera ist somit die älteste in Thüringen.

Diesel oder Strom

Die einzigen Straßenbahnen Deutschlands und damit auch Thüringens, die einen Hybrid-Antrieb haben, sind die Fahrzeuge auf der Linie 10 in Nordhausen. Im Stadtgebiet fahren sie elektrisch mit einem Stromabnehmer. Zwischen den Haltestellen Bahnhofsplatz und Neanderklinik Ifland erzeugt ein Dieselmotor über einen Generator den nötigen Strom.

Elf ist die Zahl

Elf Freunde auf dem Fußballplatz, elf Hochschulen in Thüringen. Vier davon sind Universitäten: die Friedrich-Schiller-Universität Jena, die Bauhaus Universität Weimar, die Universität Erfurt und die Technische Universität Ilmenau. Die einzige Musikhochschule steht in Weimar. Fachhochschulen haben Erfurt, Jena, Nordhausen und Schmalkalden, hinzu kommt die Duale Hochschule Gera-Eisenach. Eine Verwaltungshochschule ist in Gotha angesiedelt.

Drittkleinstes Land

Der Freistaat Thüringen hat eine Fläche von 16.202 Quadratkilometern, das sind 4,5 Prozent der Gesamtfläche der Bundesrepublik Deutschland. Zumindest ist Thüringen damit nicht das
kleinste Flächenland, ihm folgen noch Schleswig-Holstein mit
15.802 und das Saarland mit 2.571 Quadratkilometern.

Musik auf Glocken

In Altenburg, Erfurt,
Gera, Geisa und
Saalfeld gibt es
sogenannte Carillons,
das sind Bronze-
glockenspiele, die
per Hand über einen
Spieltisch zum Klin-
gen gebracht werden
können. Auf diese
Weise kann man
ganze Musikstücke
allein mit Glocken
aufführen.

Platz drei, oder?

1392 nahm die Alte Erfurter Universität den Lehrbetrieb auf. Der Stadtrat hatte bereits 1379 von Papst Clemens VII., dem sogenannten Gegenpapst, das Privileg erhalten, eine Universität eröffnen zu dürfen. Zehn Jahre später genehmigte auch Papst Urban VI. in Rom die Gründung der Universität. Je nach Zählweise gehört die Erfurter Alma mater also auf Platz drei oder fünf der ältesten Hochschulen im deutschsprachigen Raum. Prag gründete 1348 eine Universität, Wien 1365, Heidelberg 1386 und Köln 1388.

Vom Winde verweht

Auch aus alten Zeiten liegen Berichte über Stürme vor: Zu Pfingsten am 3. Juni 1403 war „bey einem starken Donnerwetter ein so heftiger Wind, daß er viele tausend Bäume mit der Wurzel ausriß, besonders bey Wartburg und Eisenach", schrieb Anton Pilgram. Seit wir den Stürmen Namen geben, verlieren sie ein wenig von ihrem Schrecken. Die Schäden sind dennoch so immens, dass viele Thüringer sich noch erinnern an: „Sonja" (1997), „Jeanett" (2002), „Dorian" (2005), „Paula" (2006), „Kyrill" (2007), „Joachim" (2011), „Friederike (2018) und „Sabine" (2020).

Was sonst noch geschah

Was wir heutzutage nur aus Afrika hören, ist früher auch in Thüringen geschehen. Aus dem Jahr 1693 ist eine Heuschreckenplage überliefert, die Ende August das gesamte Land verwüstete. Besonders Jena, Neustadt/Orla, Tröbnitz, Geisenhain

und Weimar waren betroffen. Als die Tiere verendet waren, bedeckten sie allerorten den Boden „zweyen Hände hoch".

Von Meteoriten

Im Jahr 1581 fiel am 26. Juli gegen 13 Uhr mit lautem Getöse ein Meteorit vom Himmel in ein Gartengrundstück zu Nieder-reißen nahe Buttstedt. Er soll 39 Pfund gewogen haben. Zeit-zeugen, die das Ereignis beobachtet hatten, berichteten, dass der Stein sehr heiß gewesen sei. Der Fund wurde über Weimar schließlich nach Dresden verbracht. Ob er dort noch zu finden ist? Im Astronomiemuseum der Sternwarte Sonneberg jeden-falls sind kleine Splitter der kosmischen Vagabunden käuflich zu erwerben.

Freie Städte

In vergangenen Zeiten hatten viele Städte das Bestreben, unabhängig von regionalen Fürsten agieren zu können. Den besten Weg dahin bot die Reichsunmittelbarkeit, das bedeutet, direkt dem Kaiser oder König unterstellt zu werden. Nur zwei Städte in Thüringen haben diesen Status tatsächlich erreicht: Nordhausen und Mühlhausen. Äußeres Zeichen der Reichsunmittelbarkeit war der „Roland".

Kleinstaaterei

Thüringen war vom Mittelalter bis zum Beginn des 20. Jahrhunderts in zahlreiche Kleinstaaten zersplittert. Besonders die wettinischen Kurfürsten hatten hier das Sagen. Im ersten Viertel des 19. Jahrhunderts bestanden noch das Großherzogtum Sachsen-Weimar-Eisenach, die Herzogtümer Sachsen-Coburg/Gotha, Sachsen-Meiningen und Sachsen-Altenburg. Dazu kamen die Fürstentümer Reuß älterer Linie mit Sitz in Greiz und Reuß jüngerer Linie mit der Residenz in Gera. Auch die Schwarzburger beherrschten zwei Fürstentümer: Schwarzburg-Sondershausen und Schwarzburg-Rudolstadt. In Erfurt wiederum hatte der Kurfürst von Mainz die Macht. 1920 fusionierten die verbliebenen Kleinstaaten zum Freistaat Thüringen.

Uralt

Die ältesten Besiedlungs-
spuren in Thüringen
wurden in Bilzingsleben
nahe Kindelbrück
gefunden. Hier waren
Steinzeit-Typen (Homo
erectus) bereits vor
etwa 370.000 Jahren
am Grillen, denn sie
beherrschten bereits
mehr oder weniger das
Feuer.

Haben Sie sich schon einmal gefragt, ...

... warum der Parkplatz an der A 71 zwischen Sömmerda-Ost
und Kölleda „Leubinger Fürstenhügel" heißt? In unmittelbarer
Nähe ist eines der ältesten Fürstengräber Thüringens zu finden.
Im Jahr 1940, allerdings vor unserer Zeitrechnung, wurde dort
ein bronzezeitlicher Fürst in einem Grabhügel bestattet. Mit
8,5 Metern Höhe und einem Durchmesser von 34 Metern ist
dieser der größte seiner Art in Thüringen. 1877 begannen unter
der Leitung von Prof. Friedrich Klopfleisch von der Universität
Jena Ausgrabungsarbeiten. Im Weimarer Museum für Ur- und
Frühgeschichte ist eine Rekonstruktion der Grabanlage zu
sehen.

Kelten in Thüringen

Das größte Bodendenkmal Thüringens stellt die Steinsburg auf dem Kleinen Gleichberg bei Römhild dar. Die befestigte keltische Höhensiedlung bestand zwischen dem 6. und 1. Jahrhundert vor Christi. Bis zu drei Mauerringe umfrieden eine Fläche von rund 68 Hektar, auf der mehrere Tausend Kelten in ihren Behausungen lebten. Alles Wissenswerte darüber bewahrt das Steinsburgmuseum.

Im Moor versenkt

Im heutigen Thüringen siedelten um die Zeitenwende Germanen. Sie hatten neben vielen anderen Ritualen auch die Angewohnheit, ihren Göttern Opfer darzubieten. Einen ihrer bevorzugten Plätze dafür bot das sogenannte Opfermoor Oberdorla bei Mühlhausen. Anschauen lohnt sich, denn unmittelbar neben dem Opfersee befindet sich auch der geografische Mittelpunkt Deutschlands. Ob das die Germanen schon geahnt haben und deshalb gerade diesen Ort aussuchten?

Blitz und Geistesblitz

Martin Luther geriet am 2. Juli 1505 nahe Stotternheim in ein fürchterliches Gewitter. Blitze erhellten die Gegend, Donner krachten mächtig. Luther, gerade mal 22 Jahre alt, betete in Todesangst zur Heiligen Anna und bat um Beistand. Der katholischen Kirche wäre die Reformation wohl erspart geblieben, hätte St. Anna nicht dafür gesorgt, dass Luther das Gewitter überlebte. Ein Gedenkstein steht heute an der vermeintlichen Stelle, wo Luther seinen Schwur, Mönch zu werden, in die stürmischen Wetter hinausschrie.

Nur Leid ist geteilt die Hälfte

Zu den mächtigsten Fürsten in Mitteldeutschland gehörten die Wettiner. Dass man sich Brüder, im Gegensatz zu Freunden, nicht aussuchen kann, bestätigt auch die Geschichte dieses Geschlechts. Ernst und sein jüngerer Bruder Albrecht, zwei „Alpha-Männchen", konnten sich über ihr Erbe nicht einigen. So kam es 1485 zur Leipziger Teilung Sachsens. Albrecht erhielt die Markgrafschaft Meißen, Gebiete um Leipzig und in Nordthüringen. Ernst machte unter anderem mit Gebieten um Altenburg, Weimar, Gotha, Eisenach und Coburg die wohl bessere Partie. Im Laufe der Zeit entwickelten sich aus den ernestinischen und albertinischen Hoheitsgebieten die heutigen Freistaaten Sachsen und Thüringen.

Lasst Wasser laufen!

Einmal im Jahr, meist im Juli oder August, öffnen sich die Stauanlagen der Talsperre Tambach. Das aufgestaute Wasser der Apfelstädt strömt in wildem Getöse hinab in das Flussbett. Schöne Nebeneffekte: Angesammeltes Sediment wird fortgespült, zudem ist Wildwasser-Rafting möglich, ohne ins Gebirge reisen zu müssen.

Tief unter der Erde

Mit rund 800 Metern unter der Erdoberfläche ist das Erlebnisbergwerk in Merkers das wohl tiefstgelegene Besucherbergwerk in Thüringen. Weitere ehemalige Abbaubetriebe stehen ebenfalls zur Besichtigung offen: Finstertal (Schmalkalden), Mellestollen, Feengrotten (Saalfeld), Schwarzer Crux (Schmiedefeld a.R.), Hühn (Trusetal), Vereinigte Reviere (Kamsdorf), Rabensteiner Stollen und Lange Wand (Harztor/Ilfeld), Glückauf! (Sondershausen), Märchen- und Sandsteinhöhle Walldorf, Marienglashöhle (Friedrichroda), Am Aschenberg (Bad Liebenstein), Volle Rose (Langewiesen) sowie Morassina (Schmiedefeld).

Urzeittiere

Zwischen Georgenthal und der Lohmühle führt ein leicht zu bewältigender Wanderweg an verschiedenen lebensgroßen Modellen von urzeitlichen Sauriern vorbei. Der Saurier-Erlebnispfad ist übrigens der einzige in Thüringen.

Spuk in Thüringen

Allerlei Wichtelmännchen, Nixen, Kobolde und mehr oder weniger hilfreiche Geisterwesen bevölkern die Thüringer Sagenwelt. Eine der bekanntesten ist die Ilmnixe Erlinde, die im Weimarer Park an der Ilm ihr Unwesen treiben oder getrieben haben soll.

Wer hat's erfunden?

Skat ist kein Glücksspiel. Zwischen 1810 und 1815 erdachten (karten-)spielfreudige Altenburger das Skatspiel. 1886 fand dort der erste Skatkongress statt. Seit 1927 schlichtet das Skatgericht Streitigkeiten zwischen Vor-, Mittel- und Hinterhand. Einer der größten Spielkartenhersteller Europas war die 1827 gegründete Bechsteinsche Spielkartenfabrik. Dass Altenburg ein Skatmuseum besitzt, ist nur konsequent. Dass der Staat Steuern auf Spielkarten erhob, verwundert ebenso wenig.

Karl der Große ...

... hat im Jahr 805 die damals bedeutendste Stadt in Thüringen zu einem Grenzhandelsplatz seines Reiches bestimmt. Im Diedenhofener Kapitular wurde Händlern auferlegt, von Westen her nur bis Erfurt zu reisen. Die Slawen durften von Osten her ebenfalls nur bis Erfurt kommen. Und: Der Handel mit Waffen aller Art war verboten. Recht so!

Don't drink and drive

Graf Ernst VII. (1562–1593) war eines Tages volltrunken auf seinem Pferd während des Gottesdienstes in die Nikolaikirche zu Ellrich hineingeritten. Es soll Gottes Wille gewesen sein, dass dem Pferd alle vier Eisen von den Hufen flogen, damit nicht ein solcher Lärm in seinem Haus entstand. Viele Jahre lang waren die vier Hufeisen an der Kirchentür festgenagelt. Später kamen sie ans Rathaus. Heute sind sie verschwunden.

Barocke Festung

Die Zitadelle Petersberg in Erfurt stellt eine der wenigen innerstädtischen barocken Festungsanlagen in Europa dar. Ursprünglich lebten Benediktinermönche im Kloster St. Peter und Paul auf dem Berg. Ab 1665 wurde das Klosterareal zur Festung umgebaut. 2021 ist die Zitadelle Bestandteil der Bundesgartenschau.

Die Erde wackelt

Eine Sage erzählt, dass sich tanzlustige Burschen und Mädchen aus den umliegenden Dörfern jeden Sonntag in Niedersachswerfen in einem Gasthaus einfanden und die Hüften schwangen, obwohl sie eigentlich im Gottesdienst hätten sein sollen. Zunächst schlug zur Warnung ein Blitz in der Nähe des Lokals ein. Schließlich versank das Gebäude mitsamt der Tanzgesellschaft in der Erde. Anstelle des Gasthauses ist heute der Tanzteich zu finden. Ob dies mit dem Erdbeben zusammenhängt, das es 1682 in Ilfeld gegeben hat?

Wer lesen kann, ist klar im Vorteil

1559 gründete Michael Neander in Ilfeld die erste Lese- und Schreibschule in Nordthüringen.

Keine Folter mehr

1819 wurde in Ilfeld die Folter abgeschafft. Warum zeitgleich eine allgemeine Wehrpflicht eingeführt wurde, bleibt ungewiss.

Quer durch den Harz

1899 wurde die Harzquerbahn eröffnet. Bereits zwei Jahre
zuvor konnte der Streckenabschnitt Nordhausen–Ilfeld in
Betrieb genommen werden. Es folgten die Verbindungen Ilfeld–
Netzkater und Netzkater–Benneckenstein. Entgegenkommend
wurde der Abschnitt Wernigerode–Drei Annen Hohne 1898
vollendet. Die Gleisführungen von Drei Annen Hohne bis
Benneckenstein sowie bis hinauf auf den Brocken wurden im
Jahr darauf fertiggestellt.

Hoch und tief

Höchstgelegener Punkt Thüringens ist der Gipfel des Großen Beerbergs (982,9 m). An der Unstrut in der Nähe von Wiehe liegt dagegen der tiefste Punkt mit 114 Metern über Normalnull.

Schief gegangen

Es ist nicht nötig, bis nach Pisa zu reisen, um einen schiefen Turm zu sehen. Wer nach Bad Frankenhausen kommt, findet dort den Turm der Oberkirche. Immerhin ist dieser an seiner Spitze 4,6 Meter aus dem Lot geraten. Der Baumeister Friedrich Halle hatte 1382 die Festigkeit des Untergrunds für die 2.300 Tonnen schwere Kirche Unserer Lieben Frauen am Berge unterschätzt. Der schiefe Turm zu Pisa steht dagegen fast kerzengerade, nach seiner Sanierung ist er nur 3,9 Meter aus dem Lot.

… wie Pilze aus dem Boden

2020 stellten Thüringer Betriebe rund 3.300 Tonnen Pilze her. Damit hat Thüringen einen Anteil von etwa fünf Prozent an der Gesamtproduktion in Deutschland. Besonders beliebt: Champignons, Shiitake und Austernseitlinge.

Flache Fernseher, flaches Programm?

Rund 90 Prozent der Thüringer Haushalte besitzen mindestens einen Flachbildfernseher.

Weniger Bier

2019 wurden „nur" 2,9 Millionen Hektoliter Bier in Thüringen verkauft. Das waren fast zehn Prozent weniger als 2018 – der geringste Absatz seit dem Jahr 2000. Rechnerisch trank demnach jeder Thüringer rund 135 Liter Bier im Jahr. 1509 flossen allein durch Erfurter Kehlen 3,5 Eimer Bier oder in heutige Maße übersetzt 257,04 Liter.

Alles muss ein Maß haben

Bis zur Einführung des metrischen Maßsystems in Deutschland 1872 hatte fast jeder Kleinstaat seine eigenen Gewichte, Längen- und Hohlmaße. Flüssigkeiten wurden beispielsweise in Eimern, Kannen, Stübchen, Maß und Nößel gemessen, wobei ein Nößel 0,51 Liter entsprach. Zwei Nößel waren ein Maß, zwei Maß ein Stübchen, zwei Stübchen eine Kanne. 18 Stübchen füllten einen Eimer. Ein Eimer ergab somit 73,44 Liter. Gewichte wurden in Lot, Pfund und Zentner angegeben. Ein Lot entsprach 14,69 Gramm.

Auch die Längenmaße waren von Stadt zu Stadt unterschiedlich. In Gotha entsprach ein Fuß 28,76 und in Gera 28,62 Zentimetern. In Weimar war der Fuß 28,20 Zentimeter lang und in Erfurt 28,33. Zwei Fuß ergaben eine Elle, ursprünglich die Länge vom Ellenbogen bis zur Spitze des Mittelfingers eines ausgewachsenen Menschen. Wer wohl als „Urmaß" diente?

Nicht anders die Flächenangaben. So bezeichnete man in Erfurt 2.642 Quadratmeter als einen Acker, in Gera entsprachen 2.452 Quadratmeter einem Scheffel (tatsächlich ist „Scheffel" sowohl ein Maß für Schüttgut als auch für Flächen) und der Gothaer Feldacker hatte 2.270 Quadratmeter.

Schüttgüter wie Getreide und ähnliches wurden in Scheffel gemessen, einem Rauminhalt von 54,961 Litern. Ein Scheffel konnte unterteilt werden in vier Viertel oder 48 Stof (hier fehlt kein zweites „f"). Ein Stof waren rund 1,15 Liter.

Dann wären da noch die alten Mengen Dutzend (12 Stück), Mandel (15 Stück) und Schock (4 Mandel oder 60 Stück), wobei das Dutzend heute noch im Sprachgebrauch ist. Wer ein altes Rezept findet, das für den Teig ein Dutzend Eier erfordert, kann sich auf einen fluffigen Kuchen freuen.

Stufen, nichts als Stufen

Die Skisprungschanzen im Kanzlersgrund sind von der Fédération Internationale de Ski (FIS) als Wettkampfstätte zertifiziert. Bis dort 1961 ein Sessellift installiert wurde, mussten die Sportler jedesmal 784 Stufen hinaufkraxeln, um zum Absprungturm der Großschanze zu gelangen – da wäre manch anderer bereits vor dem Start fix und fertig.

Traumschlösser

Im Landkreis Eisenach stehen zwölf Schlösser, in Erfurt und Gera jeweils zwei. Weimar wartet mit sechs Schlössern auf; der Kreis Altenburg mit 15. Auch im Eichsfeld gibt es fünf Bauwerke, die so bezeichnet werden; in Stadt und Landkreis Gotha sind es 13. Im Kreis Greiz sind sieben Schlösser zu finden, im Kreis Hildburghausen elf. Der Kyffhäuserkreis weist zehn Schlösser auf, Nordhausen fünf. Im Saale-Holzlandkreis zählt man 14 Schlösser, im Saale-Orlakreis zwölf. Der Landkreis Saalfeld-Rudolstadt versammelt 14 Schlösser, der Landkreis Schmalkalden-Meiningen 20. Im Kreis Sömmerda sind es acht an der Zahl, im Landkreis Sonneberg sechs. Im Unstrut-Hainich-Kreis sind zehn Schlösser zu finden, im Wartburgkreis sogar 36 und im Kreis Weimarer Land acht. Zusammengerechnet ergibt sich die stattliche Anzahl von 216 Schlössern, darunter 27 ehemalige Residenzschlösser. Viele dieser herrschaftlichen Bauten sind in Privatbesitz, die Stiftung Thüringer Schlösser und Gärten betreut lediglich zwölf davon.

Ins Klo gefallen

Eheringe, Lottoscheine und andere wertvolle Dinge fallen schon mal versehentlich in die Toilette. Dass aber eine ganze Versammlung von Edelleuten „ins Klo fällt", ist eher selten. So geschehen im Jahr 1184, als sich eine Vielzahl von Fürsten und Kirchenoberen in Erfurt zusammenfand, um einen Streit zwischen Konrad, dem Erzbischof von Mainz (um 1120–1200), und Ludwig III., dem Thüringer Landgrafen (1151/52–1190), zu schlichten. Der wohl morsche Fußboden des Versammlungssaales war dem Gewicht der zahlreichen Teilnehmer jedoch nicht gewachsen und brach ein. Grafen, Ritter und Knechte stürzten durch zwei Stockwerke in die darunter befindliche Kloakengrube, worin sie elend umkamen, andere wurden von nachfallenden Balken oder Steinen erschlagen, rund 60 Tote zählen die Quellen. König Heinrich VI. und Erzbischof Konrad konnten sich auf einen Fenstersims retten; Landgraf Ludwig überstand den lebensgefährlichen Fall in die Tiefe unverletzt.

Zu wenig Wasser

Im Jahr 1194 waren Frühjahr und Sommer so trocken, dass die Unstrut über zwei Monate hinweg komplett ausgetrocknet war.

Obstblüte im Januar

Aus dem Jahr 1186 ist überliefert, dass die Obstbäume bereits im Januar blühten und im Februar die Äpfel so groß waren wie Walnüsse.

Ein letztes Mal

Weinbau in Thüringen hat Tradition, besonders an Saale und Unstrut. Dass es auch in Erfurt Weinberge gegeben hat, ist verbürgt. Die letzte Weinlese fand im Herbst 1953 an den Hängen des Roten Berges statt (heute Thüringer Zoopark). Heute wachsen wieder am Südhang der Zitadelle Petersberg Reben, sie kamen vom Partnerweingut Bechtheim.

Sauer macht lustig

In früheren Zeiten sei der Erfurter Wein so sauer gewesen, dass er „die eisernen Schnepfen der Kannen abfraß", behauptete Gustav Freytag (1816–1895). Dennoch ist nach ihm eine Straße in Erfurt benannt.

Wehrhaft

Sogenannte Wehrkirchen, befestigte Gotteshäuser, in die sich die Menschen im Falle eines Überfalles zurückziehen und verteidigen konnten, stehen noch heute unter anderem in Friesau, Kleinbreitenbach, Espenfeld und Rohr.

Vom Türmer in Hildburghausen

Türmer waren Leute, die auf Türmen wohnten und unter anderem die Aufgabe hatten, nach heranrückenden Angreifern, ausbrechenden Bränden und aufziehenden Unwettern Ausschau zu halten. Manchmal hatten sie Glück im Unglück: So wohnte der Türmer Melchior Sinder mit seiner Frau und vier kleinen Kindern im Dachgeschoss des Rathauses zu Hildburghausen, direkt neben dem neuen Turm. Als am 14. September 1572 ein heftiges Gewitter aufzog, warnte der Türmer mit den verabredeten Zeichen die Bevölkerung. Bald meinte er, der Turm selbst fiele dem Sturm zum Opfer, so stark wehte der Wind. Rasch lief er hinab zu Frau und Kindern. Kaum hatte er sie in der Wohnung erreicht, deckte der Sturm auch schon das Rathausdach ab. Die Familie klammerte sich an alles, was sie greifen konnte, und fiel in die Tiefe hinab. Als das Gewitter vorbei war, riefen die Verunglückten um Hilfe. Bald fanden die Nachbarn in einem Gewirr aus Balken und Brettern die wie durch ein Wunder allesamt unverletzt Gebliebenen.

Abgebrannt

Im Jahr 1463 am Tage Albani, dem 21. Juni, brannte in Bad Langensalza das Schloss Dryburg, allerdings nur das Schlafhaus, wie es in der Thüringischen Chronik von Johann Binhard heißt.

Zu viel Regen

1463 soll in Thüringen ein überaus nasses und regenreiches Jahr gewesen sein. Von Maria Himmelfahrt, dem 15. August, bis Maria Empfängnis am 8. Dezember hat es ununterbrochen geregnet.

Noch mal abgebrannt

1467 brannte Vacha bis auf fünf Häuser komplett nieder. Das verheerende Feuer ging von einer Töpferwerkstatt vor den Toren der Stadt aus.

Schwimmende Pfannen

1471 gab es in Bad Langensalza ein so gewaltiges Hochwasser, dass im Brauhaus die großen Braupfannen auf den Fluten schwammen.

Zu wenig Regen

Der Ausgleich für das regenreiche Jahr 1463 kam zehn Jahre später: Von Pfingsten an, ab dem 6. Juni, bis zum 8. September 1473 regnete es überhaupt nicht, sodass viele Flüsse und Bäche versiegten. Die große Hitze und Trockenheit verursachte allerorten Waldbrände, die die Gehölze in ganz Thüringen schwer in Mitleidenschaft zogen.

Vom Blitz erschlagen

1477 schlug ein Blitz in die Marienkirche in Mühlhausen ein und erschlug einen Bürger namens Claus Steinbach.

Feuer in Heringen

Am 14. November 1483 zündete „ein Weib", wie es heißt, das Städtchen Heringen an. Nur ein Viertel der Häuser blieb unversehrt. Was die Dame zu der Brandstiftung verleitet hat, wird in der Chronik nicht erwähnt. Leider auch nicht, ob es sich um Heringen an der Helme oder Heringen an der Werra handelte.

Mühlhausen brennt

Am 12. Februar 1487 brannte Mühlhausen zur Hälfte ab. Anfangs hatte man den ehemaligen Stadtboten Hans Schmidt unter Verdacht. Allerdings bekannte wenig später in Ellrich ein Andreas N., den Brand gelegt zu haben, worauf er hingerichtet wurde.

Wasser besiegt Stein

Zu Pfingsten 1499, am 15. Mai, sorgte ein heftiges Unwetter dafür, dass die Bäche in Eisenach über die Ufer traten und sogar die Stadtmauern zum Einsturz brachten.

Eingefroren

Mühlhausen und viele andere Ortschaften in seiner Umgebung erlebten 1499 einen garstigen Winter. Alle Bäche und Flüsse waren zugefroren, die Wassermühlen stehen geblieben. Ein Brand, der in der St.-Georgen-Vorstadt, auch Alt-Mühlhausen genannt, ausbrach, konnte nicht bekämpft werden, weil alles Löschwasser gefroren war.

Buttstädt

Buttstädt wird erstmals zwischen 775 und 786 urkundlich erwähnt. Das Rathaus wurde 1501 gebaut, nach anderen Quellen kann es auch 1505 gewesen sein.

Wein im Überfluss

In Erfurt war die Weinernte im Jahr 1503 so ertragreich, dass es bald an Fässern mangelte, den edlen Rebsaft zu lagern. Man behalf sich mit Gefäßen aller Arten. Auch war der Jahrgang billig zu haben. Hoch die Tassen!

Eine Wehr muss her!

1504 überfiel ein gewisser Eckhart des Öfteren Neustädt an der Werra (heute Ortsteil von Gerstungen) und stahl allerlei Rinder, Pferde, Schweine und alles, dessen er habhaft werden konnte. Um den Überfällen vorzubeugen, errichteten die Bürger eine Landwehr um ihren Ort.

Eiseskälte

Von Michaelis, dem 29. September, 1513 bis Lichtmess, dem 2. Februar, 1514 herrschte strenger Frost in weiten Teilen Thüringens. Chronisten vermerken, dass die Menschen diesen Winter als Beginn einer neuen Zeitrechnung ansahen: 1514, das Jahr 1 nach dem Frost …

Von Mäusen und Hamstern

1522 herrschte in ganz Thüringen eine Mäuse- und Hamster-Plage.

Breitenbach

Der Ort soll seinen Namen von dem Bächlein erhalten haben, das ihn durchfließt: der Breitenbach, oder, wie er bei Johannes Olearius heißt: der breite Bach. 1144, nach anderen Quellen 1186, wurde Breitenbach erstmals in einer Urkunde erwähnt.

Gründlich gepflastert

Großenehrich, eine Landstadt im Kyffhäuserkreis, liegt nördlich von Greußen. Erstmals erwähnt wurde der Ort im Jahr 772 in einer Schenkungsurkunde an das Kloster Fulda. 1590 wurde der gesamte Ort gepflastert.

Vom Inselsberg

Manche sagen ja, der Inselsberg heiße eigentlich Inselberg. Wie auch immer, früher wurde er auch Einzelberg oder Enzelberg genannt, weil er so allein in die Höhe ragt.

Kölleda

Der Name Kölleda soll auf eine überlieferte Geschichte aus früheren Zeiten zurückgehen: Einst reiste ein hoher Herr an dem Ort vorbei, musste aber eine ganze Weile warten, denn vor lauter „Rindviechern", die von den Weiden hergetrieben wurden, war kein Vorwärtskommen. Der hohe Herr fragte einen der Viehhirten, wie der Ort heiße. Er bekam zur Antwort: „Kölln!" Darauf der hohe Herr: „Na, wohl eher Kuh-Kölln!" War vielleicht so. Noch heute grüßen sich die Karnevalisten in Kölleda mit „Kuhkölln, hellau!"
Brieflich verbürgt ist indes die Ersterwähnung als „Collide" in einem Güterverzeichnis des Klosters Hersfeld aus dem Jahr 786.

Die Gleichberge bei Römhild

Die Gleichberge bei Römhild sind nicht nur wegen der
Steinsburg, einer keltischen Siedlung an den Hängen, berühmt,
sie heißen wohl auch so, weil sie in etwa gleich hoch sind. Dies
vermutet Johann Christoph Olearius, ein Chronist des frühen
18. Jahrhunderts.

Von Bad Frankenhausen

Das Gebiet um Frankenhausen sollte nach der Schlacht zwischen den fränkisch-sächsischen und thüringischen Heeren im 6. Jahrhundert als Kriegsbeute den sächsischen Siegern übergeben werden, so war es ausgehandelt. Allerdings hatten auch die fränkischen Fürsten den Ort für sich reklamiert. Deshalb sollte er nach ihnen heißen. Viel später ging der Name im Zusammenhang mit der entscheidenden Schlacht im Bauernkrieg in die Geschichte ein. Seit 1910 darf sich Frankenhausen Bad nennen.

Vom Seelenbad zum Jahrmarkt

1233 erlegte Papst Gregor IX. dem Landgrafen Konrad, auch bekannt als Konrad Raspe, als Wiedergutmachung für vorangegangene Zerstörungen die Wiederherstellung der Kirchen auf. So ließ Konrad u.a. die Katharinen-Kapelle nahe Gebesee wieder aufbauen. Später spendete der Landgraf Bier und Brot für ein sogenanntes Seelenbad zur Fastenzeit. Daraus entwickelte sich später ein Jahrmarkt, der in der Fastenzeit veranstaltet wurde. Heute kümmert sich darum eine erfolgreiche Kirmesgesellschaft, die es immerhin auf Platz drei der Vereinsmeisterschaft 2014 schaffte, die von einem privaten Radiosender in Thüringen veranstaltet wurde.

Ein Klöppel fällt aus der Glocke

In Greußens St. Martinkirche sollte 1617 eine neue Glocke aufgehängt werden. Leider fiel der Klöppel beim Hochziehen heraus und erschlug eines Tischlers Frau.

Ein Haufen Steine

Greußens Marktplatz wurde ab 1526 gepflastert. 1.300 Fuhren Steine wurden dafür verbraucht.

Alkoholsteuer

Ab 1561 führte man in Greußen die Tranksteuer ein. Von jedem Maß Bier oder Wein musste ein Heller an den Fiskus gezahlt werden. Das war nicht viel, konnte aber viel werden! Ein Heller war der zwölfte Teil eines Pfennigs, für neun Pfennige bekam man beispielsweise ein Pfund Speck.

Bierkrieg

1524 hatten Gothaer Bürger das benachbarte Bufleben „überfallen" und tranken dort die Vorräte an Bier aus – der Buflebener Bierkrieg. Hintergrund war, dass die Brauer in Gotha und den umliegenden Dörfern ihr Bier nur noch im eigenen Ort ausschenken durften. Da hatte das Gothaer Bier wohl nicht geschmeckt.

Glockenspiel an des Bürgermeisters Haus

Greußens Bürgermeister und Uhrmacher Heinrich König hatte 1570 eine sogenannte Sing-Uhr mit 20 Glöckchen in seinem Haus in der Neustadt installiert. „Es wird nach musikalischer Melodey und Weise das Werk angestimmt, daß es alle Stunden durch die ganzen Wochen" klang.

Greußen wird geplündert

Der Dreißigjährige Krieg war eine furchtbare Zeit. General Tillys Truppen marschierten am 30. Mai 1631 in Greußen ein, plünderten, raubten und stahlen den Einwohnern Geld. Die Ausschreitungen dauerten eine Woche lang. Im Oktober des darauffolgenden Jahres taten Soldaten der kaiserlichen Truppen das Gleiche. 1636 kamen schließlich noch schwedische Truppen und holten alles, was übrig geblieben war.

Kelbra brennt

Am 27. August 1607, morgens um zwei Uhr, entstand in eines Bäckers Haus in Kelbra ein Brand, der das gesamte Städtchen bis auf 18 Häuser in Asche legte. Allerdings verrät der Chronist nicht, wie viele Häuser es insgesamt in Kelbra zu dieser Zeit gegeben hatte. In einer Chronik der Freiwilligen Feuerwehr Kelbra ist zu lesen, dass seinerzeit 80 Gehöfte zum Ort gehörten.

Fuchsturm in Jena

Einer Sage nach soll der Fuchsturm in Jena der Zeigefinger eines Riesen sein, der wegen seines ungebührlichen Verhaltens von seiner Mama unter die Erde gebannt wurde.

Vorgetäuscht

Martin Luther verließ am 26. April 1521 mit einigen Begleitern die Stadt Worms, wo er sich vor dem Reichstag zu seinen Thesen hatte äußern müssen. Obwohl er nicht widerrufen hatte, hatte man ihm freies Geleit für seine Rückreise nach Thüringen zugesichert. Die Reichsacht folgte jedoch unmittelbar und erklärte Luther für vogelfrei. Am 4. Mai 1521 ergriffen ihn vier bewaffnete Reiter in einem heute Luthergrund genannten Hohlweg in der Nähe von Schweina. Einzig Luthers Begleiter Nicolaus von Amberg wusste, dass dieser Überfall nur vorgetäuscht war. Heute steht an der Stelle der „Entführung" ein Gedenkstein. Martin Luther verbrachte die folgenden zehn Monate auf der Wartburg unter dem Decknamen „Junker Jörg".

Kranichfeld ...

... hat seinen Namen wohl von den vielen Kranichen, die einst an der Ilm ein erträgliches Leben hatten. Später ist sogar im Stadtwappen ein Kranich zu finden. Erstmals erwähnt wurde Kranichfeld 1143 in einer Schenkungsurkunde des Klosters Hersfeld, worin zwei Herren als Zeugen aufgeführt werden: Volrad und Siegfried von Cranechfelt.

Goethe war hier und da und dort

Johann Wolfgang von Goethe war ein fleißiger Reisender, der fast überall in Thüringen Spuren hinterließ. Manchmal kritzelte er ein Gedicht an eine Wand, manchmal hielt er sich zu Erholungszwecken irgendwo auf oder ließ ganze Gegenden umgestalten. Woher er die Zeit nahm? Schließlich hatten die Tage seinerzeit auch nur 24 Stunden. Obwohl: kein Facebook, kein WhatsApp, keine Veranlassung, allerlei zu googeln. Man las, schrieb Briefe und Tagebücher.

Goethe in Ilmenau

In Ilmenau hielt Goethe sich 28 Mal sowohl beruflich als auch privat auf. Daran erinnert das Goethedenkmal, das 1996 enthüllt wurde und wegen mangelnder Ähnlichkeit mit den zeitgenössischen Porträts umstritten war. Der Klassiker sitzt als älterer Mann mit herabhängenden Mundwinkeln auf einer Bank und blickt über den Marktplatz. Heute ist der Platz neben ihm ein beliebtes Fotomotiv. Gestaltet hat die Skulptur in Lebensgröße Klaus Gutting aus Homburg.

Goethe in Tilleda

In Tilleda zechte Goethe mit seinen Begleitern Herzog Karl August und Geheimrat von Edelheim am 30. Mai 1776 im Dorfgasthaus bis nachts um elf. Die angebotenen Betten lehnte die Gesellschaft ab, stattdessen ließen sich die hohen Herren „eine Streu zum gemeinschaftlichen Lager" schütten. Am nächsten Morgen brachen sie – in welcher Verfassung, ist nicht überliefert – auf zum Kyffhäuser.

Goethe auf dem Kickelhahn

„Ueber allen Gipfeln/ Ist Ruh'/ In allen Wipfeln/ Spürest Du/ Kaum einen Hauch;/ Die Vögelein schweigen im Walde./ Warte nur! Balde/ Ruhest Du auch." Dieses später so berühmte „Wanderers Nachtlied" hatte der 31-jährige Goethe am Abend des 6. September 1780 mit Bleistift an die Wand einer kleinen Jagdhütte am Ilmenauer Berg Kickelhahn gekritzelt, weil es ihm in den Fingern gejuckt hatte.

Till Eulenspiegel in Erfurt

Ob Till Eulenspiegel wirklich gelebt hat, ist noch nicht abschließend erforscht. In Erfurt spielen laut Überlieferung drei seiner derben Streiche, einer davon wurde weltbekannt: Bei seiner Ankunft reklamierte Till Eulenspiegel seine Kunst, jedem Wesen auf Erden das Lesen beibringen zu können. Davon hörte ein Professor einer angesehenen Erfurter Schule. Da dem Schalk sein Ruf vorausgeeilt war, fragte ihn der Professor, ob er auch einem Esel das Lesen lehren könne. Till antwortete, dass er es versuchen wolle. Sie vereinbarten eine gewisse Lehrzeit, in der Till freie Kost und Logis erhielt sowie eine Erfolgsprämie von 100 Talern. Der selbsternannte Tierlehrer besorgte sich nun ein großes Buch aus derben Pergamentblättern und legte es dem Esel vor. Zwischen die Seiten streute Till Hafer. Der Esel lernte rasch, mit der Zunge

umzublättern, um an das Futter zu gelangen. Als der Professor schließlich eine Probe des Erreichten verlangte, legte Till an besagtem Tag dem Esel das Buch vor, tat aber keinen Hafer zwischen die Seiten. Jedes Mal, wenn der Vierbeiner umblätterte, äußerte er sein Missfallen über das Fehlen der Belohnung mit dem typischen Eselsruf. „Sehet, mein Herr, mein Schüler kann schon zwei Buchstaben lesen, ich setze große Hoffnungen in ihn." Als wenig später der Professor verstarb, war Till Eulenspiegel der Wettpartner abhanden gekommen, so verließ er die Stadt mit den Worten: „Alt werden müsste ich wie Methusalem, wenn ich alle Esel in Erfurt klug machen wollte."

Till Eulenspiegel ergaunert zwei feine Braten

Ein Metzger auf dem Markt auf dem Erfurter Domplatz rief Eulenspiegel an: „He, willst Du nicht einen feinen Braten mit nach Hause nehmen?" Eulenspiegel antwortete, dass er das sehr gern täte, nahm das dargebotene Stück Fleisch und ging seiner Wege. Der Metzger rief ihm hinterher, dass er noch bezahlen müsse. „Von Bezahlen habt ihr nichts gesagt! Ihr habt nur gefragt, ob ich einen Braten mit nach Hause nehmen wolle. Die anderen Händler hier sind meine Zeugen." Diese bestätigten Eulenspiegels Auslegung und der Metzger sah verdrossen drein, wie Eulenspiegel den Braten davontrug. Einige Tage später an derselben Stelle rief der Metzger Eulenspiegel erneut an seinen Stand und bot ihm ein großes Stück Fleisch an. Doch bevor Eulenspiegel zugreifen konnte, hieß es, dass er heute nicht so billig davonkäme. Also zückte Till seinen Geldbeutel, wog ihn in seiner Hand und meinte zum Metzger: „Na gut. Wenn ich Euch aber Worte sage, die Euch gefallen, so soll der Braten mein sein." Der Metzger ging auf das Angebot ein und Eulenspiegel sprach: „Hier in meinem Beutel ist eine Menge Geld, das will ich euch geben. Gefällt euch das?" – „Aber ja, das gefällt mir!" – „So habe ich also den Braten gewonnen, denn meine Worte haben euch gefallen!" Die benachbarten Händler hatten alles beobachtet und brachen in schallendes Gelächter aus. Der Metzger war zum zweiten Mal auf Eulenspiegel hereingefallen.

Neue Schuhe im Wettlauf gewonnen

Als Eulenspiegel einst durch die Schuhmachergasse, vermutlich die heutige Schuhgasse am Fischmarkt, ging, rief ihn eines Schusters Weib an und fragte, ob er ihr nicht ein paar Schuhe abkaufen wolle. Wie fast immer konnte Eulenspiegel solch Angebot nicht ausschlagen. Er suchte sich ein schönes Paar aus, probierte es an und rannte davon. Das Schusterweib lief hinterher mit Geschrei: „Haltet den Dieb!" Die Nachbarn stellten Till, doch der sagte nur: „Lasst mich gehen, wir laufen um die Wette um ein Paar Schuhe!" Da Till deutlich schneller war als die Schusterin, hatte er gewonnen.

Leutenberg

Namensgeber von Leutenberg war Henricus von Lutenberg, den 1187 eine Urkunde erwähnte. Am Samstag nach Ostern 1463 soll Leutenberg komplett abgebrannt sein, ebenso im Jahr 1800.

Gottesdienst im Wald

Langewiesen war im Dreißigjährigen Krieg so oft belagert und geplündert worden, dass die Einwohner in den Wald flüchteten. Dort hielten sie Gottesdienst unter freiem Himmel. Auch etliche Kinder wurden im Wald geboren und getauft.

Sonnebergs Soldaten

Im Jahr 1759 wurden in Sonneberg etliche junge Männer zum Militärdienst verpflichtet. Man gab ihnen im Rathaus 50 Gulden aus der Stadtkasse. Als die geforderte Anzahl an Soldaten zusammengekommen war, marschierten sie nach Meiningen. Jeder Rekrut hatte „in der Garnison oder im Felde zu dienen, solange er brauchbar wäre".

Sonneberger Hochwasser

Im November und Dezember 1762 war ein harter Winter, alles Wasser war gefroren, sodass kaum eine Mühle mahlen konnte. Schlagartig am 31. Dezember taute es und ein Hochwasser lief durch die Stadt. Volle Bierfässer schwammen in den Kellern, die Flut verursachte zahlreiche Schäden. Als am Neujahrstag das Wasser etwas zurückgegangen war, konnten die Leute in den Hauptstraßen vor ihrer Tür Fische fangen.

Kohle her! Steinkohle!

1764 wurde den Sonneberger Schmieden erstmals Steinkohle angeboten, die im nicht weit entfernten Stockhausen aus der Erde gegraben worden waren.

Markttag in Sonneberg

An einem Donnerstag, dem 6. Dezember 1764, fand in Sonneberg der erste Wochenmarkt statt, auf dem Getreide, Holz, Bretter und dergleichen verkauft werden durfte, ohne Zoll bezahlen zu müssen. Allerdings hätte der Stadtrat lieber den Samstag für den Markt wählen sollen, wenn viel mehr Leute aus den umliegenden Dörfern herbeiströmen könnten. Nach gerade einmal sechs Wochen wurde der Donnerstags-Markt wieder eingestellt.

Gepflastert

Das erste Straßenpflaster erhielt Sonneberg im Jahr 1775. Der Straßenbau kostete 300 Gulden.

Neu gemacht

Die Turmhaube der Sonneberger Kirche wurde ab Juni 1777 neu errichtet und eingedeckt. Ein Schieferdecker war bis an den alten Turmknauf hinaufgeklettert und konnte ihn samt Wetterhahn bergen. Im Turmknauf fand man Münzen von 1596.

Kein Bier

Im gesamten Oktober 1785 gab es kein Bier in Sonneberg. Die Brauer wollten die teuer gewordene Gerste nicht kaufen. Daher verpflichtete der Stadtrat sie unter Androhung des Verlustes des Braurechts für vier Jahre zum Brauen.

Hundesteuer

1787 wurde in und um Sonneberg ein „Hundegeld" angeordnet. Wer einen Hund hielt und ihn seines Berufs wegen brauchte, musste zehn Kreuzer zahlen. Wer einen Hund aus Vergnügen sein Eigen nannte, hatte dafür 24 Kreuzer hinzulegen. Insgesamt kamen auf diese Weise elf Gulden für die Almosenkasse zusammen. Alle Hunde wurden registriert und erhielten ein „Hundezeichen".

Alles gleich: Drei Gleichen, drei Brände

Der Chronist Olearius vermerkte für das Jahr 1230, dass die Burg Gleichen, die Mühlburg und die Wachsenburg, heute unter dem Namen Drei Gleichen bekannt, durch „Wetter angezündet und alle drei zugleich mit einander brannten".

Erste christliche Kirche in Thüringen

Altenbergen darf sich rühmen, die erste christliche Kirche Thüringens gehabt zu haben. Bonifatius, der „Apostel der Deutschen", hatte auf seiner Missionsreise durch Thüringen in dem kleinen Ort nahe Georgenthal um das Jahr 724 eine Taufkapelle errichten lassen. In der späteren Johanniskirche wurde übrigens Landgraf Ludwig der Springer im Jahr 1042 getauft.

Uni Saalfeld?

Die Jenaer Universität zog aufgrund der grassierenden Pest am 10. August 1578 für 21 Wochen nach Saalfeld wegen der dortigen „gesunden Lufft". Bis zum 27. Januar 1579 hielten die Professoren ihre Vorlesungen im Franziskanerkloster. Darf sich Saalfeld also auch als Universitätsstadt bezeichnen?

„Das geht über die Wipper"

… sagt man gelegentlich, wenn etwas nicht mehr zu gebrauchen ist. In Thüringen geht das zweimal: Der Nebenfluss der Unstrut hat seine Quellen am Ohmgebirge in der Stadt Worbis und mündet bei Kannawurf in die Unstrut. Heute wird die Wipper, die in Unterpörlitz bei Ilmenau ihre Quelle hat, eher Wipfra genannt. Doch noch vor nicht allzu langer Zeit wurde auch dieses Flüsschen Wipper geheißen. Zwischen Eischleben und Molsdorf mündet die Wipfra in die Gera.

Schon wieder Goethe, diesmal in Tennstedt

Ab Juli 1816 hielt sich Johann Wolfgang von Goethe für mehrere Wochen in Tennstedt auf und trank vor allem Schwefelwasser zur Stärkung seiner Gesundheit. In sein Tagebuch schrieb er unter dem 24. Juli 1816: „Viertel auf sieben ausgefahren. Lützendorf, Hottelstedt, Eckstedt, Kleinrudstedt, Schwansee um eilf Uhr gefüttert. Rinckleben, Gebsee, Herbstleben, Tenstedt. Schröcklicher Weg die meiste Zeit. Bey Rinckleben bis Gebsee der Damm höchst gefährlich. Vor sechs in Tenstedt bey Dr. Schmidt. Schöne Wohnung. Artige Leute." Am 10. September verließ Goethe den Ort und reiste zurück nach Weimar. Der Zusatztitel „Bad" ist Tennstedt 1925 zugesprochen worden, seit 2005 ist Bad Tennstedt „Staatlich anerkannter Ort mit Heilquellenkurbetrieb".

Deesbach, echt steil!

Thüringens Straße mit der größten Steigung, immerhin 25,3 Prozent, ist die Oberweißbacher Straße in Deesbach. Man kann sie auch herunterfahren oder -laufen, dann ist es diejenige mit dem größten Gefälle.

Waltershausen

Im Schloss Tenneberg in Waltershausen soll der Geist einer falschen Königin noch heute umgehen. Vermutlich handelt es sich um eine einstige Kammerzofe der Gräfin Anna von Kleve, vierte Ehefrau des englischen Königs Heinrich VIII. Die Betrügerin hatte insgesamt etwa 480 Gulden ergaunert – dafür hätte ein Zimmermannsgeselle rund 18 Jahre lang jeden Tag arbeiten müssen. Als der Schwindel aufflog, sperrte man die „falsche Königin" ins Verlies, wo sie bald an Auszehrung starb.

Erster Markttag in Waltershausen

1429 wurde in Waltershausen der erste Markttag genehmigt.

Volkszählung in Waltershausen

Eine Einwohnerzählung im Jahr 1512, die allerdings nur die Männer erfasste, ohne Frauen und Kinder zu berücksichtigen, gab für Waltershausen 217 an. Davon lebten 142 Einwohner innerhalb der Stadtmauern und 75 in den Vorstädten. Aktuell sind es rund 13.000, damit ist Waltershausen die zweitgrößte Stadt im Landkreis Gotha.

Bürgerwehr

Wenn auch der Begriff „Bürgerwehr" heute einen etwas schalen Beigeschmack hat, so waren spätestens im Jahr 1378 in Waltershausen etliche Männer zu „Trutz und Schutz der Stadt" abkommandiert.

Was für ein Kindergarten

Im Oktober 1852 eröffnete in Waltershausen der erste Kindergarten, der den Grundsätzen des Pädagogen Friedrich Wilhelm August Fröbel (1782–1852) folgte. Die Leiterin Emilie Wolfgang war von Fröbel selbst ausgebildet worden.

Bier brauen

Bereits im Jahr 1130 wurden die ersten Bierbrauer in Waltershausen erwähnt. Allerdings war die Qualität wohl nicht die beste, das Waltershäuser Bier erhielt den Spitznamen „Auweh".

Vogelschießen

Ein Brauch, der bis heute in mehreren Städten Thüringens gepflegt wird, ist das Vogelschießen. In Waltershausen ist das erste wohl 1770 veranstaltet worden.

Mühlhausens Gründung

Urkundlich erwähnt wurde die Königspfalz „mulinhuson" in einer Urkunde vom 18. Januar 967, ausgestellt von König Otto II. Eine Chronik hingegen berichtet: „[…] daß ein fabelhafter König Mula schon im Jahr 333 vor Christi Geburt den Grundstein Mühlhausens gelegt und ihr seinen Namen gegeben, ist eine lustige Sage, die jeder geschichtlichen Basis ermangelt. […] Den Chronisten Stella und Agricola zu Folge, die sich jedoch nicht scheuen, jezuweilen aus dem Gleise der Geschichte zu weichen, ist Mühlhausen bis zum Jahr 515 nach Christi ein offener Marktflecken gewesen, Mühldorf genannt, und von dem thüringischen König Herminafried zur Stadt erhoben worden."

St. Michaelis in Rohr

Die Wehrkirche St. Michaelis in Rohr gehört zu den ältesten Kirchen Thüringens. Zwischen 815 und 824 ließen dort Benediktinernonnen ihre Klosterkirche errichten. Zu Beginn des 10. Jahrhunderts löste sich das Kloster auf und die Kirche wurde zur Pfalzkapelle der deutschen Könige und Kaiser. Als im Jahr 983 König Otto II. gestorben war, wurde dessen Sohn in Aachen zum deutschen König gekrönt. Otto III. war gerade einmal drei Jahre alt. Nun wollte sich aber Heinrich der Zänker, so sein treffender Spitzname, von einem Dreijährigen nichts sagen lassen. Er stellte kurzerhand selbst Ansprüche auf den Thron. Um „ein wenig Druck aufzubauen", ließ er Otto III. entführen. Er gäbe ihn zurück, wenn er zum König gekrönt würde. Da aber mehrere sächsische Fürsten Heinrich dem Zänker daraufhin ihre Gefolgschaft verweigerten, gab er auf dem Reichstag zu Rohr am 26. Juni 984 das entführte Kind in die Arme der Mutter zurück.

Mitte des 17. Jahrhunderts wurde das Gotteshaus mit einem sechs Meter hohen Mauerring umgeben und damit zur Wehrkirche umgestaltet, in die sich die Einwohner Rohrs im Falle eines Falles zurückziehen konnten.

Nägelstedt

Nägelstedt ist eine kleine Ortschaft wenige Kilometer östlich von Bad Langensalza. Die Einwohner nennen ihren Ort „Nailscht". Im Jahr 977 wurde Nägelstedt erstmals als Negelsteti erwähnt.

Schloss Friedenstein

Schloss Friedenstein in Gotha thront auf einem Hügel über der Stadt. Das weitgehend erhalten gebliebene frühbarocke Baudenkmal wartet mit mehreren Besonderheiten auf. Unterhalb des Schlosses können die Kasematten besichtigt werden. Sie waren Bestandteil der Verteidigungsanlagen des Schlosses. Besucher sollten sich warm anziehen, es herrschen dort nur acht Grad Celsius. Zudem beherbergt das Schloss das älteste Barock-Theater der Welt, das Ekhof-Theater. Bemerkenswert daran ist die „Schnellverwandlungsmaschinerie" von Giacomo Torelli, die es erlaubt, Bühnenbilder in nur wenigen Minuten auszuwechseln.

Uralte Glocke

Am Ortsausgang von Klein-Urleben, an der Straße Richtung Groß-Urleben steht die Kirche Beata Maria Virginis, in deren Turm eine der ältesten datierten Glocken Thüringens zu finden ist. Ihre Inschrift lautet: Anno Domini MCCCLI, was in arabischen Ziffern 1351 bedeutet.

Goldrausch

Eine anstrengende Tätigkeit in gebückter Haltung, mit den Füßen in kaltem klaren Wasser – das ist die Wahrheit über das Goldwaschen in Thüringen. Die Ausbeute? Eher gering. Den Verkaufserlös in einen Stundenlohn umzurechnen, wäre deprimierend. In Goldlauter gibt es ein Goldmuseum, wo Gäste unter Anleitung Gold waschen können. Auch im Fluss Katze, in der Nähe von Katzhütte, sieht man von Zeit zu Zeit Goldwäscher. Ran ans Werk!

Märchenhaft

In Wünschendorf an der Elster gibt es einen Märchenwald. Am Ufer des Kammnitzbaches warten 19 durch Wasserkraft bewegte kleine Szenerien auf Bewunderer. 1927 hatte der Mühlenbesitzer Schulze die ersten beiden dieser mechanischen Geräte angeschafft. Die historischen Spiele waren 2019 durch ein Unwetter völlig zerstört worden, wurden aber wieder aufgebaut.

Eine Bootsfahrt, die ist lustig

Auf der Weißen Elster, auf Saale und Unstrut, auch auf Gera, Ilm und Werra – insgesamt 38 offizielle Kanutouren werden in Thüringen angeboten.

Auf Schienen durchs Land

Auf stillgelegten Strecken der Eisenbahn kann man seit einigen Jahren Draisine fahren: In Lengenfeld unterm Stein beginnt die Fahrt auf der einstigen Kanonenbahn. Von Dreba nach Ziegenrück fährt die Thüringer Oberlandbahn. Ab Schmiedefeld (wichtig: Postleitzahl 98739) verkehrt die sogenannte Max-und-Moritz-Bahn. Sie hat ihren Namen von der an der Strecke liegenden Maxhütte Unterwellenborn und der ehemaligen Porzellanfabrik von Carl Moritz in Taubenbach.

Thüringer Klöße

In jedem Dorf, in jeder Stadt, in jedem Haushalt Thüringens gibt es sonntags Thüringer Klöße, naja, fast jeden Sonntag, so das Klischee. Nach der Einführung der Kartoffel durch Preußenkönig Friedrich II. per „Kartoffelbefehl" am 24. März 1756 fanden die Erdäpfel als Grundnahrungsmittel und Sättigungsbeilage weite Verbreitung. In Thüringen experimentierten die Sterne-köchinnen, also Großmutter und Mutter, alsbald mit der tollen Knolle. Das wohl älteste Rezept zur Zubereitung von Klößen ist in der „Topographie des Pfarrspiels Effelder" von Pfarrer Friedrich Timotheus Heim (auch Heym) aus den Jahren 1808 bis 1814 überliefert, das sich nur unwesentlich von heutigen Zubereitungsarten unterscheidet. Herbert Roth, der bekannte und berühmte Volksmusik-Barde (Rennsteiglied) setzte dem Kloß ein dichterisches Denkmal: „Ein Sonntag ohne Klöße/ Verlöre viel von seiner Größe." Regional wird der Kloß auch Hübes oder Hütes genannt. Wer es genauer wissen will, findet in Heichelheim ein Kloßmuseum.

Gut Kirschen essen

Einst gab es eine Kirschensorte namens Augustkirsche. Ob die Benennung dem männlichen Vornamen oder dem Monat folgt, lässt sich nicht mehr feststellen. Sie war vom 17. bis ins 19. Jahrhundert vor allem im Erfurter Raum beliebt und wurde von Christian Freiherr von Truchsess in einem fast 700 Seiten umfassenden Buch beschrieben. Heute kommen Kirschen unter anderem aus der Gegend um Großfahner und werden teils zu Most verarbeitet, teils als Obst angeboten. Hohen Besuch erhielt 1986 die dortige Landwirtschaftliche Produktionsgenossenschaft (LPG) „Fahner Obst": Erich Honecker, damals Staatratsvorsitzender der DDR und Generalsekretär der Sozialistischen Einheitspartei Deutschlands (SED) kam auf Stippvisite. Rund 4.000 Einwohner der umliegenden Dörfer wurden zur Begrüßung abgestellt, ein Apfelbaum der Sorte Pinova vor der Betriebsgaststätte gepflanzt und der hohe Gast zum „Ehrenobstbauern der LPG" ernannt. Was viele Großfahnersche freute: Endlich war mal wieder an allen Ecken aufgeräumt und saubergemacht worden.

Nobelpreis

Thüringen hat ganze zwei Nobelpreisträger. Herbert Kroemer von der University of California in Santa Barbara, Kalifornien, erhielt den Physik-Nobelpreis im Jahr 2000 für die Entwicklung von Halbleiter-Heterostrukturen für Hochgeschwindigkeits- und Optoelektronik. Kroemer wurde am 25. August 1928 in Weimar geboren und emigrierte 1954 in die USA. Am 9. Oktober 2019 erhielt der zweite Thüringer, John Bannister Goodenough, den Nobelpreis für Chemie. Sein Vater Erwin Ramsdale Goodenough hatte in den 1920er-Jahren in Oxford studiert. Weil seine Frau und er der Meinung waren, dass die Ärzte in Jena besser seien als die Oxforder, reisten sie nach Jena, wo John B. Goodenough am 25. Juli 1922 zur Welt kam. Goodenough ist heute Professor für Chemie an der University of Texas in Austin und Ehrendoktor der Friedrich-Schiller-Universität Jena.

Asyl in Thüringen

Friedrich Schiller hatte einmal Stuttgart fluchtartig verlassen müssen und in Thüringen Asyl gefunden. Auf Anraten Andreas Streichers, eines Freundes aus Studienzeiten, hatte er bei Henriette von Wolzogen angefragt und wurde nicht enttäuscht. Er erreichte ihr Haus in Bauerbach, rund zehn Kilometer südlich von Meiningen, am Abend des 7. Dezember 1782. Bereits am nächsten Tag schrieb er an seinen Freund: „Endlich bin ich hier, glücklich und vergnügt, […] keine Bedürfnisse ängstigen mich mehr." Am 24. Juli 1783 verließ Schiller sein Asyl in Richtung Mannheim. Heute sind in dem Museum in Bauerbach nicht nur die mit zeitgenössischem Mobiliar eingerichteten Zimmer zu bestaunen, sondern auch die einzig erhalten gebliebene Niederschrift von Schillers Trauerspiel „Louise Millerin", besser bekannt unter dem Titel „Kabale und Liebe".

Verlobung in Erfurt, Hochzeit in Jena

Friedrich Schiller verlobte sich 1789 mit Charlotte von Lenge-
feld in Erfurt im Haus Dacheröden am Anger 37/38. Geheiratet
haben die beiden am 22. Februar 1790 in der Kirche Unserer
lieben Frau, der heutigen Schillerkirche, in Wenigenjena.

Gemächliches Reisen?

Früher war es nicht nur in Thüringen üblich, die Entfernung
zwischen zwei Orten statt in Kilometern oder Meilen in
Stunden oder Tagen anzugeben. Der Referenzwert war die
Geschwindigkeit von Menschen (5 bis 6 km/h) oder Pferden
(6 bis 7 km/h). Von gemächlichem Reisen konnte bei einem
Ortswechsel damals dennoch keine Rede sein. Die Kutschen
waren zwar gefedert, doch die Karosse schwankte hin und her
und die Räder übertrugen Unebenheiten des Weges weitgehend
ungedämpft auf die Passagiere.

Im Schilde führen

Die folgende unvollständige Auflistung von Wappen mit Tieren beginnt mit dem Freistaat selbst: ein nach links blickender Löwe. Gleich zwei Tiere, ein Löwe und ein Kranich, sind im Wappen des Landkreises Greiz zu finden. Friedlich nebeneinander sind Löwe und Henne im Landkreis Hildburghausen vereint. Zu viert tummeln sich zwei Löwen, ein Adler und eine Henne auf dem Wappen des Ilm-Kreises. Eine goldene Gans hat sich die Gemeinde Rockstedt im Kyffhäuserkreis ins Wappen geholt. Nachvollziehbar: Wasserthaleben im Kyffhäuserkreis führt zwei Fische im Schilde. Sondershausen zeigt einen Löwen und ein Hirschgeweih. Schmiedefeld am Rennsteig hat eine Schlange und einen Hahn im Wappen.

Waldarbeiterehrung

Das einzige Waldarbeiter-Denkmal Thüringens schuf 1981 der Bildhauer Gerd Ullmann in Oberhof nahe dem Rondell. Es erinnert an die Sturmschäden von 1946 und die darauffolgenden Aufräumarbeiten durch rund 10.000 Helfer. Die wenigsten von ihnen hatten zuvor im Forst gearbeitet.

Ältester Familienname in Waltershausen

Seit dem Jahr 1209 ist der Familienname „Ulrich" in Waltershausen nachweisbar, seit 1368 „Schröder" und ab 1394 auch „Schmidt".

Die höchsten Wasserfälle

Der Trusetaler Wasserfall ist der höchste künstliche Wasserfall in Thüringen. Zur Belebung des Tourismus hatten 1865 Kurfürstin Auguste von Hessen und Herzog Bernhard von Weimar die Anlage angeregt. Der höchste natürliche Wasserfall hingegen ist der Spitterfall in der Nähe von Tambach-Dietharz. Über einige Kaskaden stürzt das Nass der Spitter zwanzig Meter tief in den gleichnamigen Grund.

Tiere im Zoo

Tierparks und Zoos gibt es in Arnstadt, Bad Liebenstein, Clingen, Eisenberg, Erfurt, Gera, Gotha, Sonneberg und Suhl. Thüringens einziges Wildkatzendorf ist Hütscheroda.

Die Tiere des Waldes

In Thüringens Wäldern leben 46 Arten von Säugetieren plus 21 Fledermausarten, die ja auch zu den Säugetieren gehören. 120 Vogelarten bevölkern die Luft im und über dem Wald. Am Boden tummeln sich 13 Arten Amphibien und sechs Arten Kriechtiere. In den Waldgewässern finden sich drei Fischarten.

Wachsen auch Pflanzen im Wald?

Neben den rund 330 Millionen Bäumen der Thüringer Wälder wachsen rund 2.700 Arten an Farn- und Blühpflanzen und 800 Moosarten. Im Wald Pilze zu sammeln ist zwar möglich, aber wem sein Leben lieb ist, der sollte sich schon etwas genauer mit den etwa 3.000 verschiedenen Arten auskennen.

Vorsicht, giftig!

In Thüringen können sieben giftige Pflanzenarten auf landwirtschaftlich genutzten Wiesen und Weiden den Tieren dort schaden: Jakobs-Kreuzkraut, Herbstzeitlose, Sumpfschachtelhalm, Gefleckter Schierling, Zypressenwolfsmilch, Gift-Hahnenfuß, Scharfer Hahnenfuß und Taumel-Kälberkropf. In ganz Mitteleuropa gibt es ungefähr 50 giftige Pflanzenfamilien. Auch in heimischen Gärten sind manch prächtig anzusehende Gewächse für den Verzehr eher ungeeignet: Eisenhut, Bilsenkraut, Tollkirsche, Stechapfel, Engelstrompete oder Efeu.

Fischzucht

In Thüringen gibt es einige Betriebe, die gewerblich Fische züchten. Der Forellenhof in Themar bietet, wie der Name schon verrät, vorwiegend Forellen, aber auch Bachsaiblinge. In Auleben werden in 19 Teichen Karpfen, Schleien, Hechte, Barsche, Zander, Störe und Weißfische aufgezogen. Auch die Ilmenauer „Beauty Carps" bietet verschiedene Sorten wie Moderlieschen, Gründlinge, Bitterlinge, Karauschen und einige mehr aus den Ilmenauer Teichen an. Im Fischerhof Reinhardsbrunn werden Karpfen, Zander, Hechte, Welse, Schleien, Störe, Aale, Barsche, Forellen und Saiblinge gezüchtet.

Jagd und Jäger

29.458 Stück Schwarzwild erlegten die Thüringer Jäger im Jahr 2018. 10.767 Waschbären wurden durch Jäger tot aufgefunden oder im Straßenverkehr getötet. An Rotwild wurden 6.042 Stück erlegt, an Rehwild 40.121 Stück. 2019 zählte Thüringen 11.656 Jäger bzw. Inhaber eines Jagdscheins. Damit liegt der Freistaat an elfter Stelle im Bundesvergleich. Die meisten Jäger tummeln sich in Nordrhein-Westfalen (87.659).

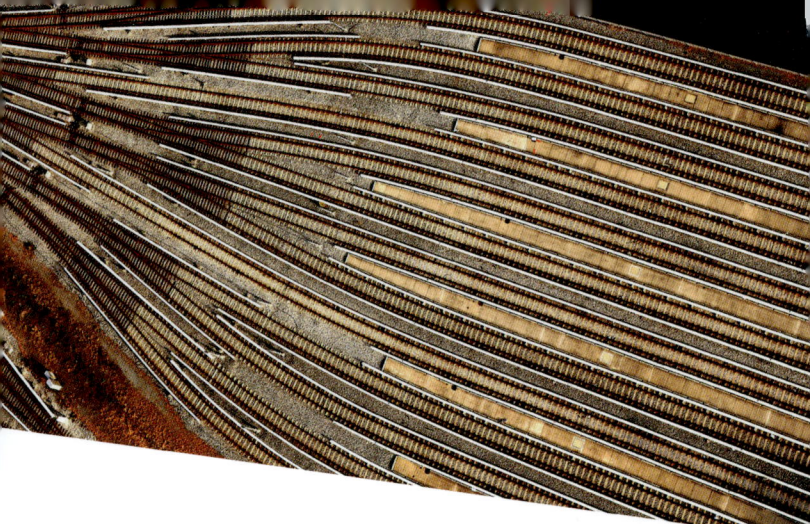

Flächenverbrauch

Den größten Flächenverbrauch für den Bahnverkehr weist in Thüringen der Ilmkreis auf: 449 von insgesamt 84.371 Hektar, das entspricht einem Anteil von 0,53 Prozent. Der Wartburgkreis, mit 130.744 Hektar flächenmäßig größter Landkreis Thüringens, verbraucht dagegen nur 0,19 Prozent bzw. 248 Hektar für Schienenwege.

Die Affen sind los!

In Thüringen sind Affen hautnah zu erleben, ohne dass die Tiere hinter Gittern leben: Im Thüringer Zoopark Erfurt sind es Berberaffen, die sich im Freigehege bestaunen lassen; im Straußberger Affenwald springen Berberaffen, Kattas und Schwarzweiße Varis zwischen den Besuchern umher.

Andersherum

Im Alternativen Bärenpark Worbis bekommen Gäste manchmal das Gefühl, selbst beäugt zu werden. Die Pfade für die Besucher sind mit Gittern gesichert, während sich die Bären in großzügigen und naturnahen Arealen frei bewegen.

Anglerlatein

Der Landesanglerverband Thüringen e.V. hat rund 15.400 Mitglieder. Etwa 800 Hektar Gewässer werden von den Damen und Herren beangelt. Dazu kommen noch rund 2.000 Hektar der Saale-Kaskade und insgesamt fünf Talsperren. Die größten Fische, die im Jahr 2019 in Thüringen am Haken hingen, waren ein Graskarpfen mit zehn Kilogramm und 81 Zentimetern, ein Aal mit 800 Gramm und 83 Zentimetern, eine Bachforelle mit 8,15 Kilogramm und 51 Zentimetern, ein Giebel mit 1,49 Kilogramm und 37 Zentimetern sowie ein Hecht mit 16,2 Kilogramm und 125 Zentimetern. Der größte Fisch 2018 war ein Spiegelkarpfen mit 12,7 Kilogramm und 83 Zentimetern. Im Jahr 2017 wurden ein Karpfen mit 14 Kilogramm und 77 Zentimetern, eine Rotfeder mit 1,98 Kilogramm und 40 Zentimetern, ein Wels mit 12,6 Kilogramm und 120 Zentimetern sowie ein Zander mit acht Kilogramm und 91 Zentimetern aus dem Wasser geholt. Petri heil!

Kleine Gärten

In Thüringen gilt seit 1990 das bundesdeutsche Kleingartengesetz. Am 30. Juni jenes Jahres gründete sich der Landesverband der Gartenfreunde als Nachfolger des DDR-Verbandes
der Kleingärtner, Siedler und Kleintierzüchter (VKSK). Heute
versammelt der Dachverband 28 eigenständige territoriale oder
regionale Verbände, in denen 1.469 Vereine mit 64.936 Mit-
gliedern organisiert sind. Der deutsche Kleingarten ist durchschnittlich 370 Quadratmeter groß. Nach dem Kleingartengesetz
vom 28. Februar 1984 in der Fassung vom 19. September 2006
ist ein Kleingarten „ein Garten, der dem Nutzer (Kleingärtner)
zur nichterwerbsmäßigen gärtnerischen Nutzung, insbesondere
zur Gewinnung von Gartenbauerzeugnissen für den Eigen-
bedarf, und zur Erholung dient (kleingärtnerische Nutzung) und
in einer Anlage liegt, in der mehrere Einzelgärten mit gemeinschaftlichen Einrichtungen, zum Beispiel Wegen, Spielflächen
und Vereinshäusern, zusammengefasst sind (Kleingartenanlage)".
Alles klar?

Glasauge, sei wachsam

Seit 1835 werden in Lauscha Glasaugen hergestellt. Für Menschen, die ein Auge verloren haben, sind die Prothesen von besonderer Bedeutung. Aber auch Glasaugen für Puppen und andere Spielsachen werden in Lauscha gefertigt. Erfunden hat's der Würzburger Professor für Chirurgie und Augenheilkunde Heinrich Adelmann (1807–1884), der im Lauschaer Glasbläser Ludwig Müller-Uri einen handwerklich kompetenten Partner zur Herstellung von Augenprothesen fand. Wirkt ein Auge besonders vollkommen, ist es wahrscheinlich ein künstlich hergestelltes.

Stilvoll spazieren gehen

Das Stockmacherdorf Nummer eins in Thüringen ist ohne Zweifel Lindewerra. 1836 kam der Stockmacher Wilhelm Ludwig Wagner aus Eddigehausen bei Göttingen in das Dörfchen an der Werra. Das Rohmaterial für seine Stockproduktion fand er in den umliegenden Eichenwäldern. Zunächst produzierte er Gehhilfen und lernte etliche Dorfbewohner an, die sich später spezialisierten und ihre eigenen Werkstätten aufbauten. Um 1900 gab es in Lindewerra kaum eine Familie, die nicht irgendetwas damit zu tun hatte. Ein Gedenkstein für den Begründer der Stockmacherei im Ort wurde 1996 enthüllt. Bereits 1980 hatte in Lindewerra ein Stockmachermuseum eröffnet.

Stocknägel

Der Wanderer, der etwas auf sich hält, benutzt einen Wander- oder Spazierstock aus Lindewerra. Um anderen Wanderbrüdern und -schwestern zu dokumentieren, wo man schon überall seinen Stock in die Erde gespießt hat, gibt es die sogenannten Stocknägel: kleine, den Rundungen des Holzes angepasste Plaketten, auf denen Bildchen der Wanderziele zu sehen sind. In Thüringen wurden mit Sicherheit früher Stocknägel produziert, aber heute ist kein Hersteller mehr zu finden.

Mehr Schaum! Meerschaum

Der passionierte Pfeifenraucher schwört auf Meerschaum als Material für den Pfeifenkopf. Neben Lemgo und Nürnberg war Ruhla eines der Zentren der Meerschaumverarbeitung in Deutschland. Am Ende des 18. Jahrhunderts waren etwa 300 bis 500 Menschen damit befasst. Heute erinnert das Tabakpfeifenmuseum Ruhla an diese wirtschaftlich durchaus erfolgreiche Zeit.

Uhren aus Thüringen – gehen nach wie vor

In Ruhla wurden und werden Uhren hergestellt. Die Anfänge gehen auf das Jahr 1862 zurück. Erster bekannter Produzent war die Firma Gebrüder Thiel. Die Uhrenfabrikation in dieser Metallfabrik begann 1892 mit der Taschenuhr „Fearless". 1962 brachte der nunmehr Volkseigene Betrieb (VEB) die erste elektrische Armbanduhr aus DDR-Produktion auf den Markt. Vom beliebtesten Modell wurden immerhin 100 Millionen Stück weltweit verkauft. Als Sigmund Jähn (1937–2019), der erste Deutsche im Weltall, am 26. August 1978 mit der Sojus 31 abhob, trug er am Handgelenk eine Uhr aus Ruhla: die „Interkosmos".

Auch in Weimar arbeitete einst eine Uhrenfabrik, die allerdings nur unwesentlich zum Bruttoinlandprodukt der DDR beigetragen hat.

Brauereien – ein Erlebnis

Nach Angabe des Statistischen Bundesamtes gab es im Jahr 2018 in Thüringen 43 Braustellen, die insgesamt 2.379.416 Hektoliter Bier produzierten. Die zahlreichen Gasthausbrauereien sind darin enthalten. Eine ganze Reihe von Braubetrieben sind öffentlich zu besichtigen. Hier eine subjektive Auswahl: In Arnstadt bietet die Stadtbrauerei Besuche an, in Watzdorf lassen sich ebenfalls Einblicke in die dortige Bierproduktion gewinnen, Braurecht hat dieser Betrieb seit 1411. Eine der urigsten Brauereien des Landes steht in Singen. Auch in Friedrichroda und Bad Liebenstein darf im Rahmen einer Führung vom edlen Gerstensaft gekostet werden. Prost!

Erfinderisches Thüringen

Die Zahnbürste entwickelte der Mediziner Christoph von Hellwig im Jahr 1700 in Bad Tennstedt. Den ersten Kindergarten eröffnete Friedrich Fröbel 1840 in Bad Blankenburg. Die Tütensuppe erfand nicht ein Schweizer Nahrungsmittelhersteller, sondern Rudolf Scheller aus Hildburghausen, der diese „condensirten Suppen" ab 1872 massenhaft produzierte und bis in die USA exportierte. Auch der Erfinder des Meissener Porzellans, Johann Friedrich Böttger, stammt aus Thüringen, er wurde 1682 in Schleiz geboren. Johann August Röbling aus Mühlhausen entwarf die berühmte Brooklyn Bridge in New York, der Erfinder der Playmobil-Figuren, Hans Beck, stammt aus Greiz. Die Zuckertüte wurde erstmals 1817 in Jena den ABC-Schützen überreicht. Auch die Versicherung ist eine Thüringer Erfindung: Der Gothaer Ernst Wilhelm Arnoldi gründete mit 118 weiteren Unternehmern im Jahr 1820 die Feuerversicherungsbank des Deutschen Handelsstandes, die spätere Gothaer. Wer heute auf dem Fahrrad in die Pedale tritt, kann es, weil der Tüftler Heinrich Mylius aus Friedrichsthal bei Bleicherode einen Kurbelantrieb am Fahrrad montierte. Auch die Stenografie, eine noch heute durchaus gebräuchliche Kurzschrift, ist eine Entwicklung eines Thüringers: Friedrich Mosengeil aus Zillbach bei Schmalkalden veröffentlichte 1796 sein Lehrbuch „Stenographie, die Kunst, mit der höchstmöglichen Geschwindigkeit und Kürze in einfachen, von allen andern Schriftzügen völlig verschiedenen Zeichen zu schreiben". Hermann Eicke aus Weißenborn-Lüderode reichte 1878 ein Patent für eine Kippdampfdruckkaffeemaschine ein und verdiente ordentlich Geld damit.

Weltspitze!

Mit 176 Metern Tiefe ist der Brunnen auf der Reichsburg Kyffhäuser der tiefste Burgbrunnen der Welt und damit natürlich
auch der tiefste in Thüringen. Ab 1934 wurde der zugeschüttete
Brunnen beräumt und rund 4.500 Kubikmeter Schutt geborgen.
1937 wurde ein Brunnenhaus gebaut und heute können
Besucher kleine Steinchen käuflich erwerben, um sie hinein-
werfen zu dürfen. Von Zeit zu Zeit wird ein Sieb, das unterhalb
der Wasseroberfläche installiert wurde, gehoben, damit der
Brunnen nicht wieder verstopft.

Klare Sache

Zurzeit werden etwa 80 Prozent der Abwässer von Thüringer
Haushalten in Kläranlagen aufbereitet.

Frische Luft?

An 39 fest installierten Luftmessstationen werden Daten über die Luftqualität in Thüringen gesammelt. Erfasst werden unter anderem gasförmige Inhaltsstoffe wie Ozon, Stickstoff, Benzol und Kohlenmonoxid, aber auch die Belastung mit Feinstaub und dessen Inhaltsstoffe.

„Ein ganz normaler Tag"

… ist eine Textzeile aus einem Song des Erfurter Sängers Jürgen Kerth. Was an einem „ganz normalen Tag" in Thüringen passiert: 46 Kinder werden geboren und 11.873 Menschen müssen in einem Krankenhaus behandelt werden. 1.356.000 Eier legen die Thüringer Hennen, 243 Rinder und 2.327 Schweine werden geschlachtet. 187 Kraftfahrzeuge werden neu zugelassen, 152 Verkehrsunfälle passieren, 16 Verkehrsunfälle mit Personenschaden geschehen, 80 Menschen sterben. 31 Gewerbean- und 35 -abmeldungen gehen bei den Ämtern ein, vier Personen müssen Privat-Insolvenz beantragen. Für 31 Millionen Euro werden Waren eingeführt, für 42 Millionen Euro ausgeführt. 26 Paare sagen „Ja" und neun Ehen werden geschieden. 41 Männer und 10 Frauen werden vor Gericht verurteilt. 131 Tonnen Kartoffeln, 7.024 Tonnen Getreide und 117 Tonnen Äpfel werden geerntet.

Spuren der Vergangenheit

Wann kamen die ersten Menschen nach Thüringen und wie lässt sich das wissenschaftlich herausfinden? Die Mitarbeiter des Landesamtes für Denkmalpflege und Archäologie (TLDA) sind im Freistaat für professionelle Ausgrabungen zuständig. Zurzeit suchen die zehn promovierten Archäologen und ihre zahlreichen Helfer, darunter rund 350 ehrenamtliche Bodendenkmalpfleger, an zehn Stellen in Thüringen nach Spuren der Vergangenheit. In Zeutsch werden Artefakte aus der Zeit um 800 vor Christi Geburt bis etwa zur Zeitenwende untersucht, das sind die sogenannte Hallstatt- und Latènezeit. Auf dem Erfurter Petersberg sind bei Bauarbeiten Gegenstände aus dem 9. und 10. Jahrhundert geborgen worden. Auf Jenas Inselplatz fanden die Archäologen Spuren der mittelalterlichen Siedlungsstruktur, in der vor allem Handwerker wohnten, besonders von Gerbern und Färbern. Am Ortsrand von Ettersburg fanden sich mehrere Begräbnisstätten aus der frühbronzezeitlichen Aunjetitzer Kultur (2300–1600/1500 v. Chr.). Auf dem Hoppenberg südlich von Kleinwelsbach im Unstrut-Hainich-Kreis untersucht das TLDA zurzeit Grabanlagen aus der Zeit der Schnurkeramik (2800–2200 v. Chr.). Bei der Sicherung des Uhrdaer Lindenovals in Döbritschen südlich von Großschwabhausen wurde ein Münzschatz im Block geborgen, der nun im Landesamt untersucht wird. Die meisten Geldstücke darin stammen aus dem 14. und 15. Jahrhundert. Auch beim Bau der Umgehungsstraße von Tüttleben bei Gotha stieß man auf Siedlungsspuren aus der Bronze-, Eisen- und Völkerwanderungszeit. Im Landkreis Hildburghausen erforschen Archäologen zurzeit eine eisenzeitliche Grabanlage und eine hochmittelalterliche Turmhügelburg im südlich von Themar gelegenen Sankt Bernhard. Auf der Bertholdsburg in Schleusingen werden bisher unbekannte Bauteile

der Burg aus der Zeit von 1226 bis 1583 näher untersucht.
In Obendorf fast in Sichtweite der Steinsburg fand man bei
Sanierungsarbeiten an einer Brunnenstube Spuren aus mehreren
Epochen von der Früh-Latènezeit und vorrömischen Eisenzeit
(8.–1. Jh. v. Chr.) über die Römische Kaiserzeit (1.–4. Jh.) bis zum
hohen Mittelalter (11.–13. Jh.).
Bevor man in einem Thüringer Garten den Spaten ansetzt, sollte
man wohl das Thüringische Landesamt für Denkmalpflege und
Archäologie zu Rate ziehen.

Handwerk hat goldenen Boden

Thüringen ist in drei Handwerkskammerbezirke untergliedert: Erfurt, Gera und Suhl. Am letzten Tag des Jahres 2018 waren in diesen drei Gebieten insgesamt 1.478 Maurer und Betonbauermeister, 620 Zimmerer und 668 Dachdecker tätig. 219 Schornsteinfeger kümmerten sich darum, dass Abgase von Heizungen nicht in die Wohnungen entweichen. Für das leibliche Wohl sorgten 406 Bäcker, 95 Konditoren und 481 Fleischer. Für den besseren Durchblick standen in Thüringen 259 Augenoptiker zur Verfügung; 78 Hörgeräteakustiker brachten den „Lärm" der Alltagswelt wieder zu Gehör. 139 Glaser ersetzten zu Bruch gegangene Scheiben. 98 Uhrmacher brachten die Schätzchen wieder zum Laufen, und 48 Graveure versahen Uhrdeckel oder Ringe mit Namen von Inhabern. Stumpfe Messer und Scheren schliffen 30 Schneidwerkzeugmechaniker nach. Auch wenn es etwas aus der Mode ist, Schuhe wurden auch repariert von 49 Schuhmachermeistern in Thüringen. 38 Drucker- und 34 Buchbindermeister nahmen sich schriftstellerischer Ergüsse aller Art an. Damit das Bier nie alle wurde, arbeiteten 22 Brauer und Mälzer in Thüringen.

Ein Museum für die Bratwurst

Das einzige Museum für die Thüringer Bratwurst war lange Jahre in Holzhausen zu finden. Nach Saisonende 2019 zog das 1. Deutsche Bratwurstmuseum nach Mühlhausen um. Am 20. Januar 2020 wurde der Grundstein für das neue Museumsgebäude gelegt, der natürlich die Form einer Bratwurst hat. In einer goldenen Hülse wurden ein Originalrezept, eine Kopie der urkundlichen Ersterwähnung aus dem Jahr 1404, ein Groschen aus dem 14. Jahrhundert und eine Tageszeitung vom 20. Januar 2020 verschlossen und von den anwesenden „Hoheiten", der Thüringer Landtagspräsidentin, der Wurstkönigin, des Bratwurstkönigs und der Mühlhäuser Pflaumenblütenkönigin, eingemauert.

Was braucht's noch zum Bier? Hopfen!

Ein Bier ohne Hopfen ist wohl keines, das den Namen verdient. Schon die „Statuta Thaberna", das Weißenseer Reinheitsgebot von 1434, verlangt ausdrücklich, dass Hopfen ins Bier gehöre. In Heringen, Großenehrich, Kindelbrück, Weißensee, Großromstedt und Monstab wird in Thüringen Hopfen angebaut. Seit April 2014 ist der „Elbe-Saale Hopfen" ein von der EU geschütztes Produkt und darf mit dem Qualitätssiegel „geschützte geografische Angabe" (g. g. A.) beworben und vermarktet werden.

Da biste platt!

Das umfangreichste Herbarium Deutschlands ist im Botanischen Garten Berlin zu bestaunen. Thüringen belegt „nur" Platz zwei. In der Friedrich-Schiller-Universität Jena umfasst

das Herbarium des Instituts für Systematische Botanik immerhin 3,5 Millionen verschiedene Pflanzenbelege. Zudem handelt es sich um das umfangreichste Herbarium kubanischer Pflanzen außerhalb Amerikas. Begründet hat es Carl Haussknecht (1838–1903) in Weimar als Privatmann. Nach seinem Tod und der Gründung einer Stiftung aus seinem Nachlass gelangte das Herbarium nach dem Zweiten Weltkrieg nach Jena und wurde und wird immer noch erweitert.

air-mail

Auch wenn heute niemand mehr seine Liebesbriefe mit Brieftauben versendet, gibt es sie dennoch. In Nordrhein-Westfalen ist das Brieftaubenwesen sogar als immaterielles Kulturerbe anerkannt. Auch in Thüringen veranstalten Züchter regelmäßig Flugwettbewerbe. Ungefähr 1.500 Menschen beschäftigen sich in etwa 200 Vereinen mit diesem Sport, wobei sich nicht alle Regionalverbände an die Grenzen Thüringens halten. In ähnlich vielen Vereinen werden Rassetauben gezüchtet, hierbei kommt es aber eher auf Äußerlichkeiten an.

Kraftfahrzeuge aus Thüringen

Thüringen ist ein Standort der Auto- und Motorradproduktion. Am 3. Dezember 1893 wurde die Fahrzeugfabrik Eisenach A.G. gegründet und am 17. September 1896 der erste Wartburg-Motorwagen vorgestellt.

In Suhl produzierte die Firma Simson ab 1896 zunächst Fahrräder, 1911 begann die Serienproduktion des Pkw Simson A; 1924 folgte der Simson Supra. Nach dem Zweiten Weltkrieg wurden wieder Fahrräder und Kinderwagen hergestellt. Auf der Leipziger Frühjahrsmesse 1950 wurde das Motorrad Awo 425 der Öffentlichkeit präsentiert. Später erhielt es den Spitznamen „Dampfhammer". 1955 begann die Herstellung von Kleinkrafträdern, erstes Modell war das Simson SR 1. Nach wie vor beliebt unter Jugendlichen ist die „Schwalbe", die ab 1964 als Kleinroller KR 51 vom Band rollte. Am 28. Juni 2002 musste die Simson Motorrad GmbH & Co. KG Insolvenz anmelden.

Nutzfahrzeuge wurden in Waltershausen hergestellt. Erste Produkte der ADE-Werke waren ab 1920 Traktoren und Landmaschinen. 1958 lief der erste Multicar 21 vom Band.

Auch heute werden in Thüringen Fahrzeuge produziert: Midi-Busse kommen aus Ehrenhain, Anhänger für das Logistik- und Speditionsgewerbe werden in Triptis gefertigt, in Gotha werden unter anderem Schüttgutauflieger produziert und eine Manufaktur in Altenburg stellt hochwertige Sportwagen her.

Preiswürdig

Seit 1997 ist der Kinderkanal von ARD und ZDF in Erfurt zu Hause und hat einen Grimme-Preisträger! Der Grimme-Preis wird seit 1964 für herausragende Fernsehproduktionen vergeben. Im Jahr 2004 erhielt diesen renommierten Preis die Kultfigur Bernd das Brot für seinen Widerstand gegen den „Gute-Laune-Terror, der unaufhörlich aus dem Fernseher quillt", wie es in der Begründung der Jury heißt. Eigentlich hat nicht Bernd das Brot diesen Preis erhalten, sondern dessen Erfinder Tommy Krappweis.

Her mit unseren Akten!

In Thüringen gibt es drei Außenstellen des Bundesbeauftragten für die Stasi-Unterlagen. In Erfurt lagern ungefähr 4,5 Kilometer Akten, in Gera rund 3,9 Kilometer und in Suhl etwa 3,7 Kilometer. Ein Aktenbestand, der aneinandergereiht über zwölf Kilometer lang ist. Ungebrochen ist das Interesse der Thüringer an dem, was das Ministerium für Staatssicherheit (Stasi) über sie wusste oder zu wissen meinte: 2020 beantragten insgesamt 4.892 Personen Einsicht in ihre Stasi-Akten. Seit die Stasi-Unterlagenbehörde ihre Arbeit aufgenommen hatte, registrierte sie in Thüringen 547.449 Anträge auf Akteneinsicht (Stand 31.12.2020).

Näher an Gott

Den höchsten Kirchturm in Thüringen besitzt die Marienkirche in Mühlhausen. Er misst 86,7 Meter. Auf den Plätzen zwei und drei folgen der Turm der Bonifatiuskirche in Bad Langensalza mit 73,6 Metern und der mittlere Turm der Severikirche in Erfurt mit 73,2 Metern.

„Ich wär' so gerne Millionär"

So beginnt ein Song der „Prinzen". Seit 1991 hat sich dieser Wunsch für 79 Thüringer erfüllt. Sie freuten sich über Lotto-Gewinne in Millionenhöhe. Die meisten Thüringer spielen „Lotto 6 aus 49" (54,18 %), gefolgt von „Eurojackpot" mit 19,57 Prozent. Allerdings haben offensichtlich manche Spieler das Geld gar nicht nötig: Im Jahr 2018 hatte die Lotto-Thüringen GmbH 186.000 Euro Einnahmen aus nicht abgeforderten Gewinnen. Diese können bis zu drei Jahre nach der Ziehung noch geltend gemacht werden. Also, besser doch noch mal auf den Tippschein gucken!

GHG – Gucken, Horchen, Greifen

Die meisten DDR-Bürger waren geübt in der Benutzung von Umschreibungen für die Stasi – dem Ministerium für Staatssicherheit der DDR. Eine dieser Umschreibungen war „GHG", ursprünglich für Großhandelsgesellschaft. Im Zusammenhang mit Aktivitäten der Stasi war aber „Gucken, Horchen, Greifen" gemeint. Bereits als die DDR 1949 gegründet wurde, hatte die Hauptverwaltung zum Schutz der Volkswirtschaft, ein Vorläufer der Stasi, 1.150 hauptamtliche Mitarbeiter, ein Jahr später waren es 1.500. Zwischen 1965 und 1975 wuchs die Zahl der hauptamtlichen Stasi-Mitarbeiter um mehr als das Doppelte. In Thüringen gab es drei Bezirksverwaltungen: Erfurt, Gera und Suhl. Am Ende der Schreckensherrschaft der Stasi waren im Bezirk Suhl 1.739 hauptamtliche Mitarbeiter tätig, im Bezirk Gera waren es 2.383 und im Bezirk Erfurt 2.988.

Verdienstvoll

Der Thüringer Landtag beschloss am 19. September 2000 das Gesetz über den Verdienstorden des Freistaats Thüringen (Thüringer Verdienstordensgesetz – ThürVOG). Bisher erhielten 148 Personen diesen undotierten Preis als Würdigung ihres Engagements um den Freistaat und seine Bevölkerung. Die Kultur-Nadel dagegen ist mit 750 Euro dotiert und würdigt Verdienste in Kunst und Kultur. Mit 12.000 Euro höchstdotierter Preis im Freistaat ist der Thüringer Literaturpreis, der alle zwei Jahre vergeben wird.

Weniger verdienstvoll, …

… aber sicher nicht unverdient hat die Stadt Erfurt im November 2016 vom Satiremagazin „Un Nu?" die Thüringer Kulturtüte verliehen bekommen. Gewürdigt wurden damit „herausragende Defizite und Fehlentscheidungen im kulturpolitischen Sektor".

Frauenpower

Am 30. Juni 2018 waren in Thüringen insgesamt 98.985 Personen im öffentlichen Dienst beschäftigt. Von den 65.425 Angestellten sind 42.405 Frauen. Auch unter den 33.560 Beamten im öffentlichen Dienst befinden sich mehr Frauen (19.145) als Männer (14.415).

Geliebtes Blech

Im Februar 2020 besaßen statistisch gerechnet 100 Thüringer Haushalte 113 Pkw. Sie kauften ihr Auto überwiegend aus zweiter Hand (51 %). Nur 36,8 % erwarben einen Neuwagen. Alle anderen fahren Fahrrad oder E-Roller (und lassen den dann einfach irgendwo stehen), gehen zu Fuß oder nutzen den Öffentlichen Nahverkehr in Thüringen.

Schwere Jungs

1.187 Strafgefangene saßen zum Stichtag 31. März 2020 in den fünf Thüringer Justizvollzugseinrichtungen ein, dazu 262 in Untersuchungshaft und acht Personen in „sonstiger Haft". 89 Personen waren bereits elf Mal oder noch öfter zu Gefängnis- oder Geldstrafen vorverurteilt. Die meisten Häftlinge, nämlich 78 Prozent, waren ledig. 32 Inhaftierte verbüßen eine lebenslange Strafe.

Uraltes Gewerbe

Prostitution wird neben Spionage gern als ältestes Gewerbe der Menschheit bezeichnet. Schon aus dem Mittelalter sind in diversen Chroniken Berichte über Bordelle, Freuden-, Huren- und Badehäuser zu finden, meist wird ein solches Etablissement erwähnt, wenn es abbrannte oder bekannten Kunden ein Leid geschah. Am 1. Juli 2017 trat bundesweit das Gesetz zum Schutz von in der Prostitution tätigen Personen (Prostituiertenschutzgesetz – ProstSchG) in Kraft. Seitdem erfassen Statistiken dazu Zahlen, zumindest von den angemeldeten Betrieben. Am 31. Dezember 2018 waren demnach in Thüringen 327 Personen offiziell in der Prostitution tätig. Die meisten besaßen die deutsche Staatsbürgerschaft (103), 93 stammten aus Rumänien, 44 aus Bulgarien, 34 aus Ungarn und 26 aus Polen. 23 in diesem Gewerbe Tätige stammten aus Asien und 4 aus Amerika.

Der überwiegende Teil, 248 Personen, waren zwischen 21 und 45 Jahren alt. Zwischen 18 und 21 Jahren alt waren 12, älter als 45 Jahre waren immerhin 67. Ob es auch ein Renteneintrittsalter gibt? Und darf man dann dazuverdienen?

Kluge Leute

6.212 Menschen strebten Ende 2018 einen Doktorgrad an. Fünf Hochschulen in Thüringen haben Promotionsrecht: die Friedrich-Schiller-Universität Jena, die TU Ilmenau, die Bauhaus-Universität Weimar, die Universität Erfurt und die Hochschule für Musik Franz List Weimar. Die meisten Promovierenden zählte die FSU Jena, nämlich 4.098. In Ilmenau hatten 855 eine Doktorarbeit eingereicht, an der Bauhaus-Uni 689 und an der Uni Erfurt 516 Personen. 54 Promovierende verzeichnete die Musikhochschule. Bestimmt haben sie alle ihre Abhandlungen selbst verfasst, sind ja schließlich keine Politiker …

Gemeiner Diebstahl

Die 323 Schnüffler der Abteilung M, der Postkontrolle der DDR-Staatssicherheit, stahlen zwischen 1985 und 1989 systematisch Zahlungsmittel in 29 verschiedenen Währungen in einer Höhe von rund 33 Millionen D-Mark aus Briefen und Paketen, die aus dem Westen in den Osten gelangen sollten – über den Umweg „Abteilung M". Geht man davon aus, dass die Verteilung auf die 15 Bezirke der ehemaligen DDR ungefähr gleich war, dann entfallen auf das heutige Thüringen, die einstigen Bezirke Erfurt, Gera und Suhl, rund 1,3 Millionen DM jährlich. Konsumgüter hätte man lieber nicht schicken sollen – meist kam solch ein Paket nie an. Der Inhalt wurde entweder den verschiedenen Diensteinheiten der Stasi oder vereinzelten Mitarbeitern, selbstverständlich „gegen Bezahlung" zur Verfügung gestellt. Die gestohlenen Zahlungsmittel flossen entweder dem Staatshaushalt oder dem MfS zu. Da die Stasi nicht mal sich selbst über den Weg traute, wurden alle Mitarbeiter der Abteilung M streng kontrolliert, teilweise wurden auch präparierte Sendungen untergeschmuggelt, um die Zuverlässigkeit und Ehrlichkeit der Genossen zu testen.

Ein Dieb bestiehlt den anderen

Ende 1986 wurden in der Erfurter Bezirksverwaltung der Stasi intern Fälle von Diebstahl bei der Postkontrolle festgestellt. Wenn auch die Entnahme von Zahlungsmitteln und Wertgegenständen aus  Postsendungen einer dienstlichen Anweisung entsprach, sollte das Entwendete doch dem Staatshaushalt oder der Stasi direkt zufließen und nicht in den Taschen der eigenen Mitarbeiter verschwinden. Insgesamt waren 13 Stasi-Leute in die Diebstahlserie verwickelt. Der Haupttäter hatte innerhalb von fünf Jahren rund 30.000 D-Mark für sich persönlich abgezweigt.

Verlegt heißt nicht verloren

In Thüringen veröffentlichen zurzeit 89 Verlage Bücher und andere Druckerzeugnisse. Die Themen reichen von Belletristik über Sach- und Fachliteratur bis hin zu Kinderbüchern und Lyrik. Wenn ein Verlagsleiter zu seinem Autor sagt: „Tut mir sehr leid, aus Ihrem Roman wird nix! Wir haben das Manuskript verlegt ...", ist das natürlich nur eine satirische Überhöhung.

Geheim!

Erfurt ist die einzige Stadt in Thüringen, in der es gelang, geheime Trefforte der Stasi zu enttarnen. In der einstigen Erfurter Bezirksverwaltung wurden Karteien gefunden, die nach Abgleich mit einer weiteren in Berlin aufgefundenen die Lokalisation ermöglichten. 483 sogenannte konspirative Wohnungen waren in der gesamten Stadt verteilt. Bemerkenswert ist die Geschichte des „Hafens" im Haus Anger 26. Es war der Stasi tatsächlich gelungen, eine aufgedeckte Adresse mit neuer Legende weiter zu nutzen. Seit 1979 trafen sich Mitarbeiter der Abteilung VIII, die für Beobachtungen und Ermittlungen zuständig waren, im Objekt unter dem Decknamen „Zentrum". Offiziell befand sich hier ein Büro des VEB Chemiekombinat Bitterfeld. Als 1982 diese Räume von der Staatlichen Archivverwaltung Potsdam „übernommen" wurden, vergaßen die Stasi-Mitarbeiter, das Firmenschild abzunehmen. Das konnte nicht gut gehen: Die „Bewohner" sagten, sie seien von der Archivverwaltung und am Klingelschild stand „Chemiekombinat Bitterfeld". Bald munkelten die Nachbarn: „Da ist die Stasi drin!" Als die Hausbuchführerin die neuen Mieter eintragen wollte, eskalierte die Situation. Die Stasi-Mitarbeiter sagten, sie seien nicht befugt, das müsse durch die Staatliche Archivverwaltung erfolgen. Sie könne auch den Abschnittsbevollmächtigten (ABV) holen, kündigte die resolute Hausbuchführerin an, der bestünde in jedem Fall auf einer korrekten Eintragung. Die Meldeordnung der DDR verpflichtete jeden Hausbesitzer oder -verwalter, ein Hausbuch zu führen, in dem alle Mieter und Untermieter mit Namen, Lebensdaten und Beruf einzutragen waren. Auch Besucher, die länger als drei Tage blieben, mussten sich darin registrieren lassen und Westbesucher sogar innerhalb von 24 Stunden. Die Lage der Wohnungen war genau vermerkt.

Auf Verlangen musste das Hausbuch der Volkspolizei, den Freiwilligen Volkspolizei-Helfern oder eben dem MfS vorgelegt werden. Nachdem die zuständige Stasi-Dienststelle die Situation überprüft hatte, schien es ihr ratsam, die konspirative Wohnung als solche aufzugeben. Andererseits lag diese so günstig, dass die Stasi nicht auf sie verzichten wollte. Also legte sie kurzerhand einen neuen Geheimtreff an selber Stelle an. In dem entsprechenden Vorschlag vom 12.11.1987 heißt es: „Mit der Schaffung des KO [konspiratives Objekt] ‚Hafen' als kons-

piratives Basis- und Arbeitsobjekt für operative Ermittler der Abteilung VIII werden die Arbeits- und Lebensbedingungen der bisher in der konspirativen Wohnung ‚Freundschaft' zum Einsatz kommenden operativen Kräfte (Ermittler) der Abteilung VIII wesentlich verbessert […]. Die Räume werden mit dem Mobiliar der konspirativen Wohnung ‚Freundschaft' ausgestattet. Zur Stärkung der Legendierung wird das Inventar der ‚Zentrum' durch ‚öffentlichkeitswirksamen Auszug' in die konspirative Wohnung ‚Stein' überführt." Mit großem Brimborium wurde also allen Nachbarn kundgetan: „Wir ziehen aus!" Um heimlich wieder einzuziehen – so war die Stasi. Nun bezog die Außenstelle Erfurt des VEB Kombinat Seeverkehr und Hafenwirtschaft, Abteilung Deutfracht/Seereederei die frei gewordenen Räume im Haus Anger 26, die „Kollegen" trugen sich ordnungsgemäß in das Hausbuch ein und alle Beteiligten waren zufrieden.

Wie spät ist es?

Heimatforscher haben bisher an 90 Thüringer Kirchen Sonnenuhren gefunden. Die meisten Sonnenuhren an einer Kirche,
nämlich gleich vier Stück, sind an der Kornmarktkirche in Mühlhausen zu finden. In Heilbad Heiligenstadt besitzen vier Gotteshäuser eine Sonnenuhr. In Erfurt sind an fünf Sakralbauten und
an einem Kirchturm Sonnenuhren angebracht. In Jena sind es
zwei Kirchen. Nicht alle Sonnenuhren zeigen die korrekte Ortszeit, aber das ist wohl nicht so schlimm, mittlerweile haben wir
ja eine viel feinere Zeiteinteilung.

Literatur

Anonymus: „Lustige Historien, oder Merckwürdiges Leben, Thaten und Reisen des weltbekandten Tyll Eulenspiegels, mit vielen … Anmerckungen, etc.", (vermutlich) Hilscher'sche Buchhandlung und Verlag, Dresden 1736.

Johan Bangen: „Neue Chronik oder Geschichtsbuch", Mühlhausen 1600.

Johann Binhard: „Neue vollkommene Thüringische Chronika", Nicol und Christoph Nerlich, Leipzig 1613.

Dr. Heinrich Doering: „Friedrich von Schiller's Biographie – Complet in einem Bändchen", Verlag Carl Doebereiner, Jena 1853.

Johann Wolfgang von Goethe: Tagebücher 1775–1817, E-Book-Ausgabe Jazzybee Verlag Jürgen Beck, Altenmünster, o.J.

Ferdinand Hahn: „Geschichte von Gera und dessen nächster Umgebung", Gera 1855.

Tamara Hawich: „Manufakturen, Maschinen, Manager", IHK Erfurt (Hrsg.), Erfurt 2007.

Johann Paul Hebenstreit: „Schädlich- und schröcklicher Heer-Zug der Heuschrecken …", Leipzig 1693.

Historische Commission der Provinz Sachsen (Hrsg.): „Beschreibende Darstellung der älteren Bau- und Kunstdenkmäler der Provinz Sachsen und angrenzender Gebiete", Band 2, Druck und Verlag von Otto Hendel, Halle/S. 1879.

Friedrich Mosengeil: „Stenographie, die Kunst, mit der höchstmöglichsten Geschwindigkeit und Kürze in einfachen, von allen andern Schriftzügen völlig verschiedenen Zeichen zu schreiben: für die Deutsche Sprache erfunden von Friedrich Mosengeil". 2. Auflage, Wittekindtische Hof-Buchhandlung, Eisenach 1799.

Johannes Christoph Olearius: „Allerhand denckwürdige Thüringische Historien Und Chronicken", Verlag Johann Christoph Stößl, Buchhändler in Erffurth 1703.

Nicolaus Philippi: „Thüringer Zollgeschichte", Harald Rockstuhl Verlag, 2. Auflage, Bad Langensalza 2015.

Anton Pilgram: „Untersuchungen über das Wahrscheinliche der Wetterkunde", Wien 1788.

Dr. med. Carl Polack, Waltershäuser Chronik. Ein Beitrag zur thüringischen Geschichte und Altertumskunde, Verlag des Verfassers, Waltershausen 1854.

Steffen Raßloff: „Thüringen – 55 Highlights aus der Geschichte", Sutton Verlag, Erfurt 2018.

Johann Martin Steiners Chronik von Sonneberg 1757–1802, ausgewählt von Adolf Wilhelm Müller; in: Veröffentlichungen der Kreisberatungsstelle für Heimatkunde zu Sonneberg, Heft 4, 1926, Selbstverlag der Kreisberatungsstelle für Heimatkunde Sonneberg, Druck vom Thüringer Volksfreund in Sonneberg 1926.

Ulrich Seidel: „100 Dinge, die Sie in Thüringen erlebt haben müssen." 4. Auflage, Sutton Verlag, Erfurt 2015.

Ulrich Seidel: „Mit dem VMT entlang der Thüringer Städtekette". Sutton Verlag, Erfurt 2016.

Friedrich von Sydow (Herausgeber): „Thüringen und der Harz, mit ihren Merkwürdigkeiten, Volkssagen und Legenden: historisch-romantische Beschreibung aller in Thüringen und auf dem Harz vorhanden gewesenen und noch vorhandenen Schlösser, Burgen, Klöster, Merkwürdigen Kirchen und sonst beachtenswerther

Gegenstände aus dem Reiche der Geschichte und Natur", Band 6, Druck und Verlag von Friedrich Eupel, Sondershausen 1842.

Wolfgang Trapp: „Kleines Handbuch der Maße, Zahlen, Gewichte und der Zeitrechnung", Philipp Reclam jun. GmbH & Co., Stuttgart, 1992, Lizenzausgabe Komet Verlag GmbH, Köln 1998.

Christian Freiherr von Truchsess von Wetzhausen zu Bettenburg: „Systematische Classification und Beschreibung der Kirschensorten", herausgegeben von Friedrich Timotheus Heim, Pfarrern zu Effelder bei Coburg, Stuttgard in der Cottaischen Buchhandlung 1819.

Thüringer Ministerium für Wirtschaft, Wissenschaft und Digitale Gesellschaft (Hrsg.): „Thüringen. 100 Geschichten.100 Überraschungen.", 7. Auflage, 2019.

Alexander Ziegler: „Zur Geschichte des Meerschaums mit besonderer Berücksichtigung der Meerschaumgruben bei Eski Schehr in Kleinasien und der betreffenden Industrie zu Ruhla in Thüringen". Carl Höckner, Dresden 1878.

Weitere Quellen

Augenprothetik Lauscha GmbH, https://augenprothetik-lauscha.de/tradition/ (abgerufen am 07.04.2020)

Bundesrepublik Deutschland, vertreten durch die Bundesministerin der Justiz und für Verbraucherschutz, https://www.gesetze-im-internet.de/bkleingg/ BJNR002100983.html (abgerufen am 07.04.2020)

1. Deutsches Bratwurstmuseum, Bratwurstmuseum Betriebs-GmbH, https://www. bratwurstmuseum.de (abgerufen am 11.04.2020)

Eichsfelder Kanonenbahn gGmbH, https://erlebnis-draisine.de/ (abgerufen am 02.04.2020)

Elbe Saale Hopfenpflanzerverband e.V. https://www.elbe-saale-hopfen.de (abgerufen am 11.04.2020)

Erfurter Teigwaren GmbH, www.erfurter-teigwaren.de (abgerufen am 22.02.2020)

Fahner Obst e.G., https://www.fahner-frucht.de/ (abgerufen am 02.04.2020)

Förderverein Fahrzeugmuseum Suhl e.V. https://www.fahrzeug-museum-suhl.de (abgerufen am 11.04.2020)

Förderverein Max-und-Moritzbahn e.V., https://foerderverein-max-und-moritzbahn. jimdofree.com/ (abgerufen am 02.04.2020)

Freie Online-Enzyklopädie für die Stadt und den Landkreis Würzburg, https://wuerzburgwiki.de/wiki/Heinrich_Adelmann (abgerufen am 07.04.2020)

Gemeindeverwaltung Lindewerra, https://www.lindewerra.de (abgerufen am 07.04.2020)

Handwerkskammer Erfurt, https://www.hwk-erfurt.de/artikel/aktueller-bericht-4,443,219.html (abgerufen am 08.04.2020)

Handwerkskammer Ostthüringen, https://www.hwk-gera.de/artikel/handwerk-in-ost-thueringen-5,0,188.html (abgerufen am 08.04.2020)

Handwerkskammer Südthüringen, https://www.hwk-suedthueringen.de/artikel/zahlen-daten-fakten-6,138,86.html#Betriebsstatistiken (abgerufen am 08.04.2020); die Zahlen für Südthüringen lieferte die Pressestelle der HWK Südthüringen am 09.04.2020.

Internet-Service-Community, https://www.thueringen.info/trusetaler-wasserfall.html (abgerufen am 06.04.2020)

Michael Kirchschlager, https://www.michael-kirchschlager.de/2011/04/die-altesten-klosrezepte-thuringens/ (abgerufen am 02.04.2020)

Klassik Stiftung Weimar, https://www.klassik-stiftung.de/schiller-museum-bauerbach/ (abgerufen am 06.04.2020)

Landesamt für Bodenmanagement und Geoinformation; www.sapos.thueringen.de (abgerufen am 28.02.2020)

Landesanglerverband Thüringen e.V. https://www.lavt.de/verband/verband_lavt.php (abgerufen am 07.04.2020)

Landesarchiv Thüringen, Staatsarchiv Rudolstadt, Sign. 5-16-2330.

Landesentwicklungsgesellschaft Thüringen, https://www.leg-thueringen.de/newsroom/newsletter/archiv/details/news/nobelpreis-fuer-gebuertigen-jenenser/ (abgerufen am 06.04.2020)

Landesverband Thüringen der Gartenfreunde e. V., https://www.gartenfreunde-thueringen.de/ (abgerufen am 07.04.2020)

Dr. Steffen Lieberwirth, https://www.rundfunkschaetze.de/st-petersglocke-des-koelner-domes-dicker-pitter/ (abgerufen am 22.12.2019)

Metropolitankapitel der Hohen Domkirche Köln, https://www.koelner-dom.de/index.php?id=60 (abgerufen am 22.12.2019)

Frank L. Mikolajczyk, https://www.harzlife.de/harzrand/kyffhausen-burgbrunnen.html (abgerufen am 07.04.2020)

Mitteldeutscher Rundfunk, https://www.mdr.de/thueringen/ost-thueringen/jena/nobelpreistraeger-goodenough-ehrendoktor-der-uni-jena-100.html (abgerufen am 06.04.2020)

Presseinformation der Thüringer Tourismus GmbH „5 Fakten zu Thüringer Klößen", 06.01.2020, https://presse.thueringen-entdecken.de/dokumente/03-5-Fakten-Thueringer-Kloesse.pdf (abgerufen am 02.04.2020)

Gisela Seidel, Duisburg, http://www.schiller-biografie.de/Bauerbach/bauerbach.html (abgerufen am 06.04.2020)

Statistisches Bundesamt, https://www.destatis.de/DE/Themen/Staat/Steuern/Verbrauchsteuern/Publikationen/Downloads-Verbrauchsteuern/brauwirtschaft-2140922187004.pdf?__blob=publicationFile (abgerufen am 07.04.2020)

Stiftung Automobile Welt Eisenach http://www.awe-stiftung.de (abgerufen am 11.04.2020)

Stiftung für Bären, https://www.baer.de/projekte/alternativer-baerenpark-worbis (abgerufen am 07.04.2020)

ThüringenForst, www.thueringenforst.de (abgerufen am 31.01.2020), https://www.thueringenforst.de/waldwissen/zahlen-und-fakten (abgerufen am 06.04.2020)

Thüringer Fernwasserversorgung, Erfurt; thuringer-fernwasser.de (abgerufen am 02.03.2020)

Thüringer Höhlenverein e.V. http://thueringer-hoehlenverein.de (abgerufen am 10.04.2020)

Thüringer Landesamt für Denkmalpflege und Archäologie Weimar, https://www.thueringen.de/th1/denkmalpflege/landesamt/archaeologischedenkmalpflege/aktuelles/grabungen/index.aspx (abgerufen am 09.04.2020)

Thüringer Landesamt für Statistik, www.statistik.thueringen.de (abgerufen am 03.01.2020)

Thüringer Landesamt für Statistik, https://statistik.thueringen.de/informationen/sonstiges/2018/aneinemtag.asp (abgerufen am 28.05.2021)

Thüringer Landesamt für Statistik, „Zahlen, Daten, Fakten. Automobilwirtschaft in Thüringen" https://www.destatis.de/GPStatistik/servlets/MCRFileNodeServlet/THMonografie_derivate_00000012/41006_2009_01.pdf;jsessionid=9476F82A-AEAB6514EC42BBA78ADE04D5 (abgerufen am 11.04.2020)

Thüringer Landesamt für Umwelt, Bergbau und Naturschutz, https://tlubn.thueringen.de/wasser/siedlungswasserwirtschaft/abwasserentsorgung/ (Abgerufen am 07.04.2020)

Thüringer Landesamt für Umwelt, Bergbau und Naturschutz, http://www.tlug-jena.de/luftaktuell (abgerufen am 07.04.2020)

Thüringer Oberlandbahn e.V., http://www.thueringer-oberlandbahn.de (abgerufen am 02.04.2020)

Thüringer Tourismus GmbH, https://www.thueringen-entdecken.de (abgerufen am 06.04.2020)

Thüringer Zoopark Erfurt, https://www.zoopark-erfurt.de/ (abgerufen am 07.04.2020)

Tourismus GmbH Brotterode-Trusetal, https://www.tourismus.brotterode-trusetal.de (abgerufen am 06.04.2020)

TUW Ruhla BeLa & Co GmbH, https://www.tuw-ruhla.com/ (abgerufen am 07.04.2020)

Verband Deutscher Brieftaubenzüchter e.V., www.brieftaube.de (abgerufen am 28.05.2020)

Waldhaus Straußberg GmbH & Co. KG, https://www.affenwald.info/ (abgerufen am 07.04.2020)

Bildnachweis

Shutterstock/Daniel Fleck: Einband vorne; Shutterstock/Animaflora PicsStock: Innenklappe vorne, S. 9; © GeoBasis-DE / LVermGeo LSA: S. 6; Shutterstock/ Andrey Armyagov: S. 8; Shutterstock/kuvona: S. 10 oben; Stadtarchiv Erfurt: S. 10 unten; Shutterstock/travelview: S. 12, 95; Shutterstock/Nicole Kwiatkowski: S. 13; Shutterstock/Sina Ettmer Photography: S. 15, 28; Shutterstock/ricok: S. 16; Dr. Arnulf Müller: S. 17; Shutterstock/IgorAleks: S. 18; Shutterstock/MaximilianCaptures: S. 19; Shutterstock/4 PM production: S. 21 oben; Shutterstock/Syda Productions: S. 21 unten; Shutterstock/Soloviova Liudmyla: S. 22 oben; Shutterstock/Inked Pixels: S. 22 unten; Shutterstock/sirtravelalot: S. 23; Apoldaer Beteiligungsgesellschaft mbH: S. 24; Rotkäppchen-Mumm Sektkellereien GmbH: S. 25; Shutterstock/ChiragSaraswati: S. 26; Shutterstock/IURII BURIAK: S. 27 oben; Shutterstock/Marian Weyo: S. 27 unten; Shutterstock/VectorPlotnikoff: S. 30; Shutterstock/Digital Storm: S. 31; Shutterstock/salarko: S. 39; Shutterstock/Visual society: S. 42; Shutterstock/Protasov AN: S. 45; Shutterstock/Marko Aliaksandr: S. 46; Von Benutzer:Markus Schweiß - Eigenes Werkvon Benutzer:Markus Schweiß ursprünglich auf de.wikipedia hochgeladen (17:59, 20. Okt 2004). Der Dateiname war Roland Nordhausen.jpg., CC BY-SA 3.0, https://commons.wikimedia.org/w/index.php?curid=349343: S. 47; Shutterstock/ Mariana Rusanovschi: S. 48; Shutterstock/DiRich: S. 49; Von Michael Fiegle - Eigenes Werk (Originaltext: Eigene Fotografie), CC BY-SA 3.0, https://commons.wikimedia. org/w/index.php?curid=14648879: S. 50; Shutterstock/VILevi: S. 52; Shutterstock/ conrado: S. 56; Shutterstock/Bildagentur Zoonar GmbH: S. 57, 81; Shutterstock/blacksoz: S. 58; Shutterstock/Pixel62: S. 59; Shutterstock/noreefly: S. 60; Shutterstock/ RobertKuehne: S. 62; Shutterstock/MariaKovaleva: S. 65; Shutterstock/Jan Leichsenring: S. 66; Shutterstock/perfect strangers: S. 67; Shutterstock/Nelli Polk: S. 68; Shutterstock/Vik Y: S. 69; Shutterstock/M.Pakats: S. 70; Shutterstock/zedspider: S. 71; Shutterstock/Rudmer Zwerver: S. 72; Shutterstock/Andreas Krumwiede: S. 73; Shutterstock/Oliver Hlavaty Photo: S. 74; Shutterstock/Thomas Otto: S. 75; Shutterstock/ Artic_photo: S. 77; Shutterstock/Viiviien: S. 78; Shutterstock/Pele61: S. 80; Shutterstock/ArTono: S. 82; Shutterstock/Judith Lienert: S. 83; Von Prog - Eigenes Werk, CC BY-SA 4.0, https://commons.wikimedia.org/w/index.php?curid=68785651: S. 86; Shutterstock/Jacek Fulawka: S. 88; Shutterstock/Zerbor: S. 89; Shutterstock/Focus and Blur: S. 90; Shutterstock/Michael Neue: S. 97; Eichsfelder Kanonenbahn gGmbH: S. 100; Shutterstock/Viktor Sokarev: S. 102; Shutterstock/Maksim Shmeljov: S. 104; Shutterstock/arturasker: S. 109; Shutterstock/Brett Barnhill: S. 110; Shutterstock/ aodaodaodaod: S. 113; Shutterstock/cgrylmz: S. 114; TUW Ruhla BeLa & Co GmbH: S. 115; Shutterstock/Artur_eM: S. 117; Shutterstock/Jonutis: S. 118; Shutterstock/ grafxart: S. 119; Shutterstock/Mariana Rusanovschi: S. 121; Shutterstock/UschiDaschi: S. 124; Shutterstock/Anna Chelnokova: S. 125; Shutterstock/WiP-Studio: S. 128; Shutterstock/Nomad_Soul: S. 131; Shutterstock/FOTOKITA: S. 132; Shutterstock/ aminphotoz: S. 133; Shutterstock/vectorlab2D: S. 134;

Alle weiteren Bilder stammen vom Autor.

Impressum

Sutton Verlag GmbH
Arnstädter Straße 8
99096 Erfurt
www.suttonverlag.de
Copyright © Sutton Verlag, 2021
2. Auflage, 2022
ISBN: 978-3-96303-187-8
Druck: Florjančič Tisk d.o.o. / Slowenien
Gestaltung und Herstellung: Sutton Verlag
Lektorat: Una Giesecke